현빈이와 예빈이는
어떻게 영어 원어민이
되었을까?

유치원부터 대학까지, 모든 부모가 궁금해하는
영어교육의 핵심원리

현빈이와 예빈이는
어떻게 영어 원어민이
되었을까?

홍기빈 지음

좋은땅

어학원+어학연수+TEFL(영어교육)을 거친
현직 두산그룹 팀장
| 박진영 |

Out-Sourcing or In-House English Education?

저 역시 영어를 잘 말하고 싶었던 사람 중 한 명입니다.

생각해 보면 고등학교까지 영어를 열심히 공부했지만 언어의 4가지 영역(듣기, 읽기, 말하기, 쓰기) 중 읽기 영역만 그나마 어느 정도 활용이 가능했던 수준이었습니다. 나머지 언어의 3가지 영역을 학습하는 데 정말 많은 에너지가 소비되었던 것을 기억합니다. 어학원을 다니고, 어학연수를 다녀오고 나서 우리가 초등학교부터 고등학교 시간 동안 배웠던 그 수많은 문법과 단어들은 정작 의사소통에는 거의 쓸모가 없었던 것 같습니다. 정말 비효율적인 영어교육 시스템의 폐해를 몸으로 경험한 세대입니다.

우리 자녀들의 영어는 그러면 어디서부터 어떻게 변해야 할까요?

영어를 언어로 다시 배우면서 원어민을 통해서 배워야만 할 것 같은 강박(?)으로 인해서 어학원, 전화영어 및 어학연수 등을 통해서 영어를 모국어를 하는 분들과 대화 연습을 통해서 그나마 영어를 말하는 것에 대한 불안과 두려움을 어느 정도 극복해 나갈 수 있던 것 같습니다.

하지만 제 자녀들의 영어교육 과정을 보면서 저 역시 어느 순간 '입시영어'라는 이상한(?) 영어를 자녀들에게 소개하는 저를 보게 되었습니다. 그나마 초등학교까지는 그래도 언어로 접근하는 것이 가능해 보였으나, 중등교육 이상에서는 언어 자체로 교육을 통해서 입시를 준비한다는 것은 불가능하다는 것을 알게 되었습니다.

가정, 모든 양육과 학습의 중심

홍기빈 선생님의 책을 보면서 가정 그리고 영어교육에 있어 부모의 역할에 대하여 많은 생각을 하게 되었습니다. 삶의 모든 영역에 대한 기준과 학습은 가정 내에서의 관계와 가족 생활을 통해 이루어져야 합니다. 그렇게 해야 하는 것이 당연함에도 불구하고 무지함과 경험해 보지 않은 과정에 대한 두려움으로 인해서 저 역시 얼마간은 포기했던 점을 반성하게 됩니다. 좋게 표현하면 시중의 영어 전문가들(?)의 도움에 대한 과도한 의존이었고, 직설적으로 얘기하면 자녀들의 영어교육에 대한 부모의 책임과 역할을 포기하였던 것 같습니다.

이제는 우리의 자녀들도 두려움을 떨쳐 버리고, 홍기빈 선생님의 가정을 Role Model로 삼아 배워서 따라갔으면 좋겠습니다. 저는 홍 선생님의 가정이 평범한 가정임을 알고 있습니다. 다른 점이 있다면 가정 안에서 영어교육이 가능하다고 믿는 부모와 그 과정을 가족 전체가 신뢰하고 실천했다는 것입니다. 가보지 않은 길을 만들어 가는 것은 쉽지 않습니다. 그러나 우리와 같은 보통의 부모인 홍 선생님이 길을 만들어 주셨으니 두려움 없이 따라가다 보면 우리도 길의 목적지에 좀 더 쉽게 도달할 수 있음을 믿습니다.

'I speak English, Our family speaks English!'

스터디 코치 및 한국어 교사
| 권민지 |

저 역시 나름 교육계에 오래 종사했다고 자부하고, 처음 발을 디딘 교육업이 자기주도학습 코치였기에, 무엇이든 기다림의 미학으로 스스로 하고 싶어질 때까지 동기부여를 하고 묵묵히 지켜보아 주는 것이 교육 철학이라는 점에서 홍기빈 선생님의 교육관과 감히 상통한다 생각해 왔습니다.

같은 대안학교에서 일을 했던 동료이자 제 자녀의 스승이기도 한, 홍 선생님의 가르침은 서두름이 배제되어 있다는 것이 가장 큰 장점이 아닐까 싶습니다. 물론 조바심이 나고 당장의 결과물이 급급한 부모님과는 성향이 맞지 않을 수 있으나, 궁극적으로 자녀의 올바른 성장을 위해서는 필요한 시간이었다는 것을 인정할 수밖에 없는 것이지요.

자녀를 영어 원어민처럼 키워 낸 성공적인 케이스를 보며 누군가는 부러움을, 누군가는 시기와 질투를, 누군가는 그들만의 리그라며 딴 나라 이야기처럼 반응을 보일 수 있을 것입니다. 하지만 도전해 보지 않고서는 그 어떤 반응도 우리에겐 맞지 않는 옷일 것이라 생각합니다.

　20년 가까이 영어에 많은 투자를 하는데도 영어는 늘 부담스
럽기만 한 우리 아이들.
　알고 보면 현빈이와 예빈이를 영어 원어민으로 키워 낸 방법
은 의외로 '절대 단순, 간단한 것'이었네요. 우리 부모들의 지나
친 욕심과 관심을, 내려놓음과 기다림과 무관심으로 돌려놓을
훌륭한 터닝 포인트가 될 것이라 생각합니다. 뛰어난 부모라야
성공하는 것이 아니라, 자신만의 소신과 꾸준함을 갖춘 부모라
면 성공할 수 있다는 가르침을 주는 안내서로서 우리 부모들에
게도 새로운 동기부여가 되기를 바랍니다.

저자로부터 영어교육을 받고 있는 아들을 둔 어머니
| 한현정 |

저는 외국인들과 막힘없이 의사소통할 수 있는 영어를 익히게 하자는 영어교육관을 갖고 있습니다.

제 자녀는 영어유치원을 다니진 않았지만 영어동화책 통문장 외우기 3년으로 어느 정도 영어는 할 줄 아는 상태였습니다. 지역 내의 6개의 영어학원 문을 두드리며 아들에게 맞는 선생님을 찾기 위해 2년여의 시간을 보냈습니다. 하지만 아이는 일방적인 수업 방식, 자유롭지 못한 분위기와 엄청나게 외워야 하는 어휘, 밤늦게까지 해야 하는 숙제로 학원을 거부하게 되는 상황에까지 이르게 되었습니다. 결국 저희 가족은 문법과 리딩이 아니라 듣고 말하는 것을 알게 해 주는 선생님을 직접 찾자는 결론에 이르게 되었습니다.

한 달간 영어 선생님을 수소문하던 중 정말 운 좋게 홍기빈 선생님을 만나게 되었습니다. 홍 선생님을 뵙고 대화를 나눠 보니 저희가 생각하는 영어교육과 같은 생각으로 영어를 가르치시는 분이었습니다. 현재 1년 반 정도 저희 아들의 영어에 대한 근육을 단련시켜 주고 계십니다. 1년 정도 지났을 때 화상영어를 해 보니 아들의 영어 실력이 꽤 향상된 것을 알게 되었고, 지금은 2분 말하기를 넘어 3분 말하기에 도전하고 있습니다. 3년이면 서당개도 풍월을 읊듯이 아들의 영어근육이 탄탄해져서 본인이 원하는 곳에서 영어를 하나의 도구로 편히 꺼내 쓸 수 있을 날이 다가오고 있다고 생각합니다.

홍 선생님의 말씀대로 밥도 뜸이 들어야 먹을 수 있듯이 영어도 쓰일 수 있는 도구가 되려면 자신의 영어근육을 키우는 시간을 기다릴 수 있는 인내심이 필요합니다. 부모 또한 그것을 격려하고 기다려 줄 수 있어야 맛있는 영어를 아이들이 쓸 수 있게 될 것입니다. 쓸 수 있는 영어를 제대로 가르치고 싶으신 부모님들께 홍기빈 선생님만의 영어교육 노하우가 담긴 이 책을 추천합니다.

저는 우리 집의 '뭐'를 담당하는 아버지입니다. 어디선가, 누군가에, 무슨 일이 생기면 동에 번쩍, 서에 번쩍하는 홍반장이죠. 세상에서 가장 예쁘고 사랑스러운 아내를 위해 뭐든 하고 싶은 순진한 남편입니다. 아들과 딸을 세상에서 잠시(?) 맡아 키우고 있는 보호자이자 트레이너죠. 사실은 그 두 자녀들이 저를 좀 더 나은 사람이 될 수 있는 트레이닝을 수년째 헌신적인 천사처럼 하고 있는 셈입니다.

제 아이들은 저를 '아버지'라고 부릅니다. 첫째가 8살 때쯤 농담 반 진담 반으로 '아버지'라고 부르는 게 어떠냐고 했더니 스스럼 없이 그렇게 하기로 하고는 바로 그때부터 '아버지'로 호칭을 부르게 되었습니다. '어머니'도 마찬가지였죠. 둘째 딸도 오빠가 하는 것을 보더니 바로 그렇게 부르기 시작했습니다. 더불어, 여동생은 오빠에게 존댓말을 합니다.

호칭이 달라지면서 우리 가족의 관계도 달라졌다고 생각합니다. 아들이 어릴 적이야 작은 변화였지만, 이제는 '아버지'와 '어머니'로 불리면서 저희 부부도 더 훌륭한 부모가 되기 위해 매 순간 마음을 다잡을 수 있게 해 줍니다. 두 아이들도 저희를 보다 실질적 의미의 '존대'를 하는 것이 몸에 배고 있음을 느끼게 됩니다.

저는 대학에서는 재료공학을 전공하고, ROTC를 했습니다. 그 기간 중 ROTC 삼성특채로 입사한 후, 포병 전포대장임무를 수행하고 중위 전역했습니다. IMF 사태 직후였지만, 삼성에 가는 대신 2년간 제 종교적 신념에 따라 2년간 미국인들과 함께 무보수로 봉사활동을 했습니다. 그 후 GM대우(한국GM)에 입사했습니다. 그러던 와중 영어교육에 뜻을 품고 TESOL(Teaching English to the Speakers of Other Languages/영어교육)대학원에 입학하여 일과 학업을 병행하다 TESOL의 본토 미국에 가서 배우겠다고 유학을 다녀왔습니다. 이후 어학원, 국제유학대안학교 등을 10여 년간 운영하며 좋은 사람을 길러 내기 위해 최선을 다했습니다.

저는 우리 가족을 사랑합니다. 행복합니다. 제 아내와 두 자녀들도 그렇다고 믿습니다. 영어도 그 행복한 그림의 한편에 자리하고 있습니다. 영어는 우리 가족 사이에서는 관계를 더 돈독히 해 주는 끈이고, 노는 데 필요한 도구이며, 미래를 꿈꾸는 바탕이 되기도 합니다. 스트레스-프리! 영어교육 혹은 영어공부를 위한 스트레스는 먼 나라의 이야기입니다. 그래서 영어로 하여 스트레스를 주고받고, 많은 경우 가족의 관계마저 서먹하게 만드는 대한민국의 현 상황이 답답하기만 합니다.

이것이 이 책을 쓰게 된 이유입니다. 완전무결한 해결책을 제시하는 것이 아니라, 이렇게 영어로 하여 행복에 도움을 받는 가족도 있으니 벤치마킹하실 수 있으면 좋겠다고 생각했습니다. 그렇다고 아예 주먹구구식으로 영어교육의 방향을 잡은 것은 아니니 그 점은 안심하셔도 됩니다. 저도 나름 오랜 세월 영어교육을 연구하고, 실행하고, 결과도 본 현장 전문가이며 전략가이기도 하기 때문입니다. 괜찮아 보이고 납득이 가시는 부분이 있으시면 참고하여 적용해 보시면 좋겠습니다. 혹, 궁금한 점이 있으시면 언제라도 이메일로 연락 주시면 즐겁게 함께 고민하겠습니다. hongkibin@hanmail.net

모쪼록 이 책을 통해 소중한 자녀를 위한 영어교육에 대한 방향을 잡으시고, 저희 가족과 함께 즐겁고 행복한 시간 되시길 기원합니다.

현빈이와 예빈이는
어떻게 영어 원어민이
되었을까?

목차

part
01   우리 가족 전통가치

우리 가족 전통가치

현빈이와 예빈이는
어떻게 영어 원어민이
되었을까?

1. 최고의 행복은 가족 안에 있다

저희는 이 삶이 개인과 가족으로서 행복과 기쁨을 누리기 위한 장(場)이라고 믿습니다. 무엇을 하든지 그 목적에 부합하도록 균형 잡기 위해 노력합니다. 저와 제 아내와의 만남과 결혼으로 시작된 우리 집 식구들은 늘 모든 이 목적을 기억하고 적용하도록 노력하고 있습니다. 2002년 7월의 더운 여름날 결혼하여 벌써 20년 차가 되었고, 좀 늦게 세상에 온 첫째도 벌써 중학생이 되었습니다. 그래도 저희 부부는 여전히 신혼이고, 아이들도 여전히 순수한 행복을 함께 누리고 있어 감사합니다.

저희 가족은 행복의 크기가 우리가 사는 집의 크기나 타는 자동차의 가격, 혹은 해외여행의 횟수에 비례하거나 제한받지 않음을 믿습니다. 아내나 자녀들도 같은 눈으로 바라볼 수 있도록 많은 시간을 함께하며 생각을 나눕니다.

우리 가족이 함께할 수 있음을 행복으로 여깁니다. 최대한 모든 활동을 '함께' 하려고 합니다. 혹, 아이들이 더 커서 자신만의 활동을 하고 싶어하게 될 때라도 최고의 행복은 가족 내에 있음을 기억하기를 소망합니다.

신나는 자전거 라이딩

2. 사랑하는 사람들

저는 그다지 사랑이 많거나 큰 사람이 못 됩니다. 어릴 적부터 교회를 다녀왔지만, 아직도 믿고 있는 신뿐 아니라 누굴 사랑한다는 말을 제대로 못 합니다. 하지만, 그래도 우리 가족들에게는 꽤나 자주, 그리고 진심으로 사랑한다고 말합니다. 말하는 만큼 그에 따르는 행동도 대략 따른다고 생각하기 때문입니다.

우리 가족은 서로 사랑하고자 노력하고 그 안에서 함께 성장하려고 노력합니다. 남편은 아내를, 아내는 남편을, 오빠는 여동생을, 여동생은 오빠를 사랑하려고 매일 노력합니다. 감정대립이 일어나지 않도록 미리 배려하고, 미처 살피지 못했다면 이후라도 진심으로 사랑을 표하려고 합니다. 상대가 사랑할 만하기도 하지만, 사랑받기에 충분히 가치 있는 존재이고, 나도 사랑받는 것이 행복하기에 그렇게 합니다.

　가족 너머의 타인도 사랑할 수 있도록 노력과 연습을 꾸준히 하고 있습니다. 보다 성숙한 사랑을 나눌 수 있도록 더 노력하겠습니다. 먼저 우리 가족 간에 진심으로 사랑하고 아끼는 가운데 우리 사랑이 더 커져서 흘러넘치기를 기대하고 기도합니다. 진심 없는 사랑의 말이나 행동은 사랑이 아님을 자신도, 상대도 곧 알게 되기에 조심합니다. 시간이 흘러, 사랑하는 것이 옳은 것이기에 사랑하는 것을 넘어 그저 사랑하는 것이 좋아서 사랑하는 가족들이 되길 바랍니다. 그래서 가족만이 아니라 주변의 이웃들도 진심으로 사랑하는 사람들이 되기 위해 노력합니다.

3. 놀자

놀 시간을 확보하는 것이 우리의 지상과제 중 하나입니다. 어디서 어떻게 놀지는 그다지 중요하지 않다고 생각합니다. 지금도 제 옆에서는 아내와 딸이 무슨 딱지 같은 것으로 영어로 뭐라뭐라 외치며 신나게 놀고 있습니다.

놀이는 자발적 배움이고 학습입니다. 놀이를 통해 가장 효과적인 방법으로 새로운 것들을 경험하고 체득합니다. 놀이 속에서 우리 모두는 리더가 되기도 하고, 팔로워가 되기도 합니다. 놀이에 따라서는 인생의 희로애락을 순간적으로 체험하고 극복하는 연습을 하기도 합니다. 놀이에서 우리 자녀들은 자신의 생각과 감정을 적절한 방법으로 표현하고 전달하는 훈련을 하며 피드백도 그 자리에서 받게 됩니다. 어른이라고 늘 완벽하거나 훌륭하지 않다는 사실도 자연스럽게 알게 되고, 서로 공유하는 규칙 안에서 나이에 상관없이 이끌고 따르며 설득하고 설득당하는 풍부한 사회적 경험을 쌓게 됩니다.

놀이와 자연이 어우러지면 금상첨화입니다. 아이들은 자연에 자유롭게 놓이는 순간 모든 사물을 놀잇감 삼아 놀기 시작합니다. 지치지 않는 고도의 집중력으로 모든 것으로부터 배웁니다. 그저 그렇게 변화 없이 보이는 자연을 경이로움으로 바라보며 그 안에서 세상의 이치와 아름다움을 만끽합니다. 자연 속에서 내적인 풍성함을 키워 나갑니다. 어디서든 가족이 하나 되어 신나게 놀 때 그 장소는 그야말로 지상의 천국이 됩니다.

아이들에게만 놀이가 필요한 것은 아닙니다. 어른들도 놀이가 필요하며, 놀이는 대부분 세상의 명약과도 바꿀 수 없는 치료제가 됩니다. 그래서 우리 가족에게는 모든 형태의 놀이가 중요하며, 노는 것은 어떤 학습보다 우선합니다. 부모로서 때로 일을 놀이보다 우선할 수밖에 없는 경우가 종종 있어 안타깝고 안쓰럽기도 합니다.

4. 불평 대신 감사를

우리는 감사합니다. 감사할 줄 아는 마음을 갖는 것이 얼마나 중요한 것인지 더 잘 느끼고자 합니다. 우리 딸이 한때 하루를 마치기 전 가족으로서 기도할 때, '머리통'을 주셔서 감사하고, '눈'을 주셔서, '입'을 주셔서, '배'를 주셔서 등 온갖 신체 부분을 들어 감사하느라 꽤나 긴 시간을 기다렸던 때를 기억합니다. 혀 짧은 소리에다가 조금은 지루했지만, 우리는 훨씬 큰 가르침을 모두 함께 받았습니다.

우리는 우리에게 없거나 부족한 것에 대해 속상해하고 불평하는 대신 가진 것과 누리는 것들에 대해 감사합니다. 항상 주변에 널려 있다고 그 중요성이나 의미가 약해지지 않음을 서로에게 가르칩니다. 감사함의 대상이 꼭 큰 것일 필요는 없습니다. 작은 것들이 사실 저희에게 더 밀접한 감사함의 원천이 됩니다. 감사함에 집중할 때 우리 삶이 더 풍요로워지는 것을 배우고 있습니다. 감사할 것들이 너무 많습니다.

5. 신뢰라는 선물

우리는 서로 신뢰합니다. 부모가 자녀에게 먼저 신뢰를 주고, 자녀들로부터 그 신뢰를 돌려받는 것 같습니다. 자녀들에게 신뢰는 받는 동시에 주기도 하는 동시다발적인 믿음입니다. 언제라도 우리는 신뢰라는 선물을 주고받을 때 즐겁고 행복해집니다. 신뢰를 주거나 받는다고 해서 우리는 완벽할 수 없기에 신뢰 속에서도 실수를 하게 됩니다. 신뢰하고 신뢰받더라도 모든 것이 만족스러울 수는 없을 것입니다. 그래도 우리는 신뢰하기에 더 지지해 주고 기다려 줄 수 있게 됩니다. 아이들이 신뢰받기 위해 노력하는 만큼 부모들도 신뢰받기 위해 노력합니다. 부모들은 자녀들로부터 지속적으로 신뢰받기 위해 노력하다가도 가끔은 삶의 무게에 지치기도 하지만, 그들의 믿음이 힘이 되어 다시 도전하게 하는 발판이 됩니다. 저희 두 자녀는 신뢰받기에 충분하며 그 속에서 늘 행복할 수 있으면 좋겠습니다.

6. 높이어 귀중하게 대함

우리 가족은 서로를 존중합니다. '존중'의 사전적 정의는 '높이어 귀중하게 대함'입니다. 가족 간의 수많은 결정사항에 막내의 의견도 충분히 반영됩니다. 자신도 그것을 알기에 적극적으로 자신의 의견을 개진하고, 저희들은 귀 기울여 듣습니다. 물론 많은 경우 막내딸의 의견과 다르게 결정되고 진행되지만, 자신이 존중받고 있음을 느끼기에 기꺼이 받아들여 참여합니다.

우리는 매주 가족평의회 시간을 별도로 가집니다. 이 시간에 우리는 가족의 종교적 가르침을 서로 가르치고 의견을 나누며, 당면한 가족의 현안을 함께 논의하고 결정합니다. 또한, 자신이 생각하는 여러 가지 것들에 대해 격의 없이 이야기하는 소통의 장입니다. 특히, Family Inventory(각자 속에 있는 이야기 꺼내기) 시간에는 한 주간 생활하면서 서로 간에 느낀 아쉬운 점, 궁금한 점, 서로 고쳐 주길 바라는 사항 및 건의사항 등을 터놓고 이야기합니다. 불편한 마음을 쌓아 두는 대신 서로 존중하고 배려하는 마음으로 귀 기울여 듣고 적극적으로 개선해 나갑니다. 이렇게 구성된 가족평의회는 아들도, 딸도, 어머니도, 아버지도 서로 가르치고 배우며 단합하게 되는 훌륭한 시간입니다.

우리는 각자 고귀한 가치를 지닌 인간으로서 서로 존중합니다. 부족한 것은 부족한 대로, 다른 것은 다른 것대로 인정하고 받아들입니다.

7. 손 내미는 연습

우리는 서로 배려합니다. 부부간에, 오누이 간에 열심히 돕습니다. 설거지도, 청소도, 음식 준비도 돕습니다. 때로 자녀들의 도움이 별 도움이 안 될 때도 있지만 도우려는 마음을 높이 삽니다. 가족은 서로 돕고 보살펴 주는 것이라는 것을 믿기에 기꺼이 자신의 손을 내어 주는 연습을 합니다.

배려하는 것이 배려받는 지름길인 것을 경험으로 알게 됩니다. 배려하는 것이 훨씬 행복하고 기분 좋은 일임을 배웁니다. 서로 도와주고 보살펴 주는 마음을 말과 행동으로 표현할 때 힘들고 어려운 시간도 단합의 시간이 될 수 있다는 것을 배웠습니다.

가족 내에서의 배려가 자신이 속한 작은 사회에서의 배려로 퍼져 나가기를 모두 바랍니다. 가끔은 배려의 피드백이 오지 않아 실망할 수도 있겠지만, 개의치 않고 손을 내미는 연습을 하려 합니다.

8. 정직의 힘

'정직이 최선의 방책이다.'

Honesty is the best policy.

이 말이 힘을 얻는 곳이 우리 가정이 되도록 노력합니다. 설령 정직하려다 자신의 실수나 잘못을 인정해야 하더라도 그렇게 하려고 노력합니다. 왜냐하면 있는 그대로를 인정하는 것이 문제의 해결에 도움이 되고, 감추는 것보다 훨씬 쉽고 빠르다는 것을 알기 때문입니다.

정직한 것이 훨씬 자유롭고 편안하다는 것을 서로 잘 압니다. 가족 간에 정직한 것은 물론이고, 가장 중요한 것은 자기자신에게 정직하기 위해 노력합니다. 마음에 거짓이 없고, 마음에 꺼리는 것을 덮기 위해 꾸미지 않는 것이 언제나 큰 힘을 지닌다는 것을 깨닫습니다.

9. 순수

우리 가족은 순수하고자 노력합니다. 온갖 잡생각이 우리 정신을 지배하도록 내버려 두지 않으려 합니다. 어떤 것이 순수한 것이고 어떤 것이 잡스러운 것인지는 긴 설명보다는 밝은 양심으로 바라보면 쉬이 보입니다.

불순물이 끼지 않도록 노력함과 동시에 어쩌다 들어온 불순한 것들은 올바른 원리에 따라 거두어 냅니다. 때로 순수한 것이 불편하거나 세상의 이익에 얼마간 부합하지 않아 보이더라도 깨끗한 양심으로 판단하여 순수를 지키고자 노력하며, 이렇게 하려는 서로의 노력을 지지해 줍니다.

투명한 것이 훨씬 편하고 자유롭고 강력합니다.

10. 선의를 바라보자

살다 보면 상대방이 우리를 속상하게 하는 경우가 생깁니다. 그 사람이 친한 사이이거나, 그럴 만한 사람이 아니라고 생각하는데 그런 행동이나 말을 하면 마음이 불편해집니다. 직접 들은 이야기이거나, 전해 들은 것이거나 언짢은 마음은 매한가지입니다.

우리는 상대방의 선의를 믿기로 했습니다. 솔직히 말하면 그 사람을 정말로 사랑한다거나 이해해서 그렇게 한다기보다는, 상대방의 선의를 바라보고 믿어 주는 것이 우리 마음을 편안하게 해 주고, 타인과 좋은 관계를 계속, 혹은 다시 쌓기에도 수월하기 때문입니다. 모든 것을 다 알 수 없는 것이 현실이고, 특히 사람 속은 더더욱 그렇다는 것을 알기에 상처받고 화내기보다는 선의를 미루어 짐작하여 그 사람을 바라보려고 노력합니다.

11. 기다림

말만큼 쉽지 않은 것이 인내라고 생각합니다. 얼마만큼 참아야 인내라는 이름을 붙일 수 있는지는 아무도 모릅니다. 다만,

내 마음속의 한계를 넓히는 노력을 꾸준히 하여 조금씩 참을 수 있는 범위가 커지도록 노력합니다. 병이 될 때까지 아무 조치도 하지 않는 것은 어리석은 것이겠지만, 참는 연습을 게을리하지 않으려 합니다. 그러다 보면 참아야 할 일들이 줄어드는 신기한 일도 생긴다는 것을 알기 때문입니다.

사람에 대한 것뿐만 아니라, 우리가 원하는 모든 것들에서 원하는 결과를 얻으려면 짧든 길든 기다림과 쉼 없는 노력이 일정 부분 필요한 것이 사실입니다. 아이들에게는 인내를 요구하고, 어른이라고 조바심으로 일을 그르치는 일이 없도록 노력합니다.

12. 읽어야 산다

일일부독서 구중생형극(一日不讀書 口中生荊棘). 제가 알고 있는 몇 안 되는 명언 중의 하나입니다. 제 입에는 며칠에 한 번씩 가시가 돋아 고민이 많습니다. 그럼에도, 우리 가족은 입 속의 가시가 무서워서가 아니라 지혜와 지식, 간접경험과 재미를 위해 매일 읽고자 합니다. 독서를 통해 즐거움과 지혜를 얻는 일거양득의 경험을 하길 바랍니다. 좋은 책은 귀한 선물입니다.

논술이나 시험을 위한 독서는 단 한 번도 생각해 본 적이 없습니다. 그저 자녀들이 책을 통해 인생의 지혜를 배우고, 부족한 부모를 넘어서는 위대한 현자들의 가르침을 더 많이 받으면 좋겠습니다. 동시에, 다양한 삶의 간접경험을 통해 보다 폭넓은 세상을 볼 수 있도록 노력합니다. 그렇다고 우리 가족이 독서로 똘똘 뭉친 것은 아닙니다. 그렇게 되면 좋겠다는 바람으로 노력하고 있을 뿐입니다.

13. 가정은 지상의 천국

우리 가족은 우리 가정이 지상의 천국이 되도록 노력합니다. 세상의 어떤 세력도 우리 가정을 흔들 수 없도록 서로를 매일 강화하고 지키기 위해 노력합니다. 이 사회의 구성원으로서 지내다 보면 어쩔 수 없이 어려운 시기를 지나게 되고, 반드시 위로와 휴식이 필요하게 됩니다. 기쁨은 나누면 배가 되고, 슬픔은 나누면 반이 된다는 말처럼, 우리 가정이 그런 곳이 되도록 함께 노력합니다.

세상의 어떠한 성공도 가정에서의 실패를 보상할 수 없다는 것을 믿습니다. 아쉽지만 저는 아직까지는 세상의 성공과는 꽤나 거리가 있는 삶을 살아왔습니다. 무척 노력해 왔지만 결과는 기대치에 전혀 미치지 못해 안타깝기 그지없습니다. 그래서인지 더더욱 우리 가정이 행복한 천국이 되도록 애씁니다. 저도 언젠가 세상에서 소기의 성과를 올리기를 기대하면서 하루하루를 보내고 있지만 아직은 요원해 보입니다. 제가 세상에서 성공하든 그렇지 않든지, 계속해서 우리 가정이 성공 가도를 달리도록 최선을 다할 작정입니다.

영어란

현빈이와 예빈이는
어떻게 영어 원어민이
되었을까?

1. 그냥 다른 언어

저는 대한민국에서 태어나 한국어를 모국어로 삼고 있습니다. 저의 선택이 아니라 태어나 보니 이 나라였고, 부모님은 물론 거의 모든 주변 사람들이 이 나라 말을 사용하기에 자연스럽게 한국어 원어민이 되었습니다. 부모님에 따르면 저는 말이 조금 늦게 트였다고 합니다. 다만, 처음 말을 하기 시작하면서도 제법 긴 문장을 바로 만들어 했다는 말씀을 듣기는 했습니다. 여하튼 저도 다른 아이들처럼 이 나라에 사는 데 별 불편함 없이 한국어를 구사하면서 교육을 받고 성장하였습니다. 조금 특이한 건 부모님의 의지로 저는 초등학교 가기 전에 한글을 전혀 배우지 않은 채로 내내 놀다가 학교에 입학했습니다. 그럼에도 불구하고, 저는 한국어가 전혀 불편하지 않았고 많은 '한국 원어민' 친구들과 신나게 지냈습니다.

우리가 그토록 소망(?)하는 영어도 그냥 여러 언어 중의 하나입니다. 더도 덜도 아니라 딱 거기까지입니다. 다만, 어찌 하다 보니 영어라는 언어가 현재는 세계 공용어가 되어 지구촌 시대에 유용한 도구가 되었다는 점이 한국어와 다를 뿐입니다.

영어 원어민들도 우리와 같습니다. 뭐 대단한 노력 없이 그 나라에서 나고 자라면서 유창한 영어를 구사하게 된 것입니다. 그들의 주변 환경과 사람들이 영어를 기반으로 소통하기에 그냥 익혀진 것입니다. 어떤 사람이든 한국어와 영어가 서로 치환되면 같은 결과가 나옵니다.

영어도 우리말이 아닌 다른 나라에서 사용되는 다른 말일 뿐입니다. 그렇기에 그 언어를 우리가 의식적인 노력을 바탕으로 배울 수도 있고, 자연스럽게 습득될 수도 있습니다. 좀 더 현실적이고 실용적이며 현명한 방식은 자연스럽게 배워지도록 의식적인 노력을 하는 것입니다.

2. 도구

어릴 적 망치질을 꽤나 많이 했던 것 같습니다. 대단한 목공기술이 필요하지도 않았고, 누가 따로 가르쳐 준 적도 없었지만, 여러 가지 놀잇감을 만드는 데 망치와 못이 필요했고, 그것들을 사용해서 놀이에 필요한 여러 장난감을 만들어 열심히 놀았습니다. 저는 망치의 어디를 잡고 못의 어디를 쳐야 하는지, 어떻게 못이 구부러지지 않은 채로 나무를 뚫고 들어가게 망치질을 해야 하는지, 얼마만큼의 힘으로 얼마나 빠르게 치는 것이 효과적인지 수많은 도전과 실패를 통해 스스로 깨우쳤습니다. 물론 그러느라 손끝과 손톱에 피멍이 들기 일쑤였지만, 어떤 놀이 도구가 필요하면 겁먹지 않고 그간 익힌 망치질 기술을 활용하여 원하는 것들을 만들어 냈습니다.

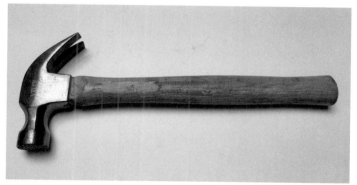

우리 집 망치

망치의 길이와 무게, 각 부분의 명칭, 못의 종류와 재질, 크기 등의 세부사항을 외우는(?) 능력과 실제 망치와 못을 사용하여 원하는 놀잇감을 만들어 내는 실력 사이에는 거의 혹은 아무 상관관계가 없습니다. 망치와 못을 사용하여 무언가를 만들 필요가 있을지라도 우리 모두가 능숙한 목수가 될 필요는 없습니다.

언어라는 도구도 이와 같습니다. 해당 언어가 무엇이든지 그 언어가 무언가를 하는 데 필요해지면 자연스럽게 익히게 됩니다. 그 언어의 문법적 명칭과 문법 세부사항들을 외우고 한 치의 오차 없이 문법의 구조에 맞추어 언어를 활용한다거나, 복잡한 문법사항과 해석을 봐도 이해가 안 되는 지문의 내용을 짧은 시간 안에 정확히 파악하는 것이 언어교육의 목표가 되면, 그 언어는 도구로서의 존재감을 잃고 오로지 지리한 연구의 대상이 되어 버립니다.

영어도 결국은 도구이며, 도구가 되어야 합니다. 모두가 고매한 영문학자가 될 필요는 없습니다.

3. '공부'하는 게 아니다

저는 정말이지 노는 것을 좋아하고 잘 놀았습니다. 놀기 위해 공부한 적은 많지만, 공부를 신나는 일로 여겨 매진한 적은 없었던 것 같습니다.

대한민국에서 영어는 열심히 공부해야 하는 중요한 과목입니다. 그 쓰임이 결국에는 대학입시에 있습니다. 유치원, 초등학생 시기에는 그래도 영어를 배울 때 언어로 듣고 말하고 읽는 것에 집중하는 듯하지만 중학생이 되면 언제 그랬냐는 듯 영문학자의 자세로 영어를 공부하기 시작합니다. 참 기가 찰 노릇입니다. 중고등학교의 영어교과서들의 내용과 구성 자체는 영어를 언어로 익히게끔은 되어 있습니다. 하지만 영어라는 언어의 종국의 목표가 대입수능 혹은 내신성적의 확보에 있기에 도구로서의 실질적 언어 활용에 있어서는 극약처방이 되고 맙니다.

언어는 공부하는 것이 아닙니다. 언어는 익숙해지는 것입니다. 활용함을 통해 그 쓸모를 익히게 된다는 말입니다. 그 활용의 방식이 시험지 위에서 문법오류 찾아내기와 난해한 어휘 및 심화 독해력에만 국한된 현실 속에서 영어는 문법책과 학술서에서만 의미를 가지는 사어(死語)가 되어 버립니다.

수영 교본을 달달 외우는 방법으로는 절대 수영을 잘할 수 없습니다. 수영장 물속에서 직접 팔과 다리를 휘저으며 고개를 좌우로 돌려 호흡하느라 물도 좀 먹고 캑캑거리면서 서서히 물에 뜨고 나아가는 이치를 깨달아야 하는 것과 같습니다. 그렇게 몸이 물에 익숙해지고, 물살을 가르는 것이 무엇인지를 우리 몸이 깨달으면서 서서히 발전해 가듯이, 영어도 직접 푸닥거리며 몸으로 익혀야 합니다.

4. 노는 데 필요한 것

저도 그랬고, 저희 두 자녀가 공히 좋아했던 언어놀이가 있습니다. 끝말잇기라는 게임입니다. 어른들은 이제 그만하고 싶지만, 아이들은 끊임없이 그 게임을 좋아라 합니다. 하긴 저도 어릴 적에는 그 게임을 하며 저의 지력을 총동원하며 신나 했던 기억이 납니다.

그렇습니다. 언어는 노는 데 꼭 필요합니다. 그것이 끝말잇기이든 동네 축구이든 언어 없이 할 수 있는 놀이는 없습니다. 마찬가지로 영어도 노는 데 필요합니다. 한국에서 영어로 어떻게 노냐고요? 그건 3장 〈영어교육이란〉에서 자세히 이야기하겠습니다. 다만, 영어가 노는 데 필요한 것이 되기만 한다면 언어로서의 영어의 힘과 혜택을 발견하게 될 것입니다.

5. 일석이조

한국에서 영어는 일석이조입니다. 한국에서 영어를 잘한다는 것은 꿩 먹고 알 먹고, 누이 좋고 매부 좋은 일타쌍피입니다. 영어가 잘 되면 학생의 성적도 쭉쭉 올라가고, 부모님도 행복해집니다. 자녀가 영어를 잘하면 본인의 자존감이 올라가고 가족 간의 화목에도 큰 역할을 하게 됩니다. 영어에 자신감이 붙으면 다른 분야에서도 잘할 수 있는 기회가 더 많이 주어집니다. 한국에서 영어라는 짱돌 하나를 잘 던질 수 있으면 두 마리의 새뿐만 아니라 현재와 미래를 잡을 가능성도 높아집니다. 영어 때문에 골치가 아프고 등골이 휠 수도 있지만, 영어 덕분에 기분이 좋아지고 허리가 펴지는 경험도 할 수 있습니다. 미국에서 태어나지 않은 것이 다행이란 생각이 들 수도 있습니다.

6. 긍정적 게임

영어는 긍정적인 게임과 같습니다. 하지만 요즘 게임이라고 하면 부모님들의 골치를 썩게 하는 종양처럼 들립니다. 어떤 식으로든 부정적인 느낌이 들게 됩니다. 안타깝게도, 학생들에게는 정반대의 상황이 연출됩니다. 그들에게는 게임은 답답한 세상에서 쉬게 해 주는 달콤한 낙이며, 휴식이며, 취미이며, 여가이고, 놀이터이자 사회생활입니다. 혹, 학생들도 게임이 꼭 좋은 것만은 아니며, 악영향도 있음을 인정해도 대부분 헤어나기 힘들어합니다. 만약 이들에게 생산적이고 긍정적인 게임이 존재한다면 어떨까요? 게임을 하는데도 학생도 부모도 만족하고 성적에도 긍정적인 결과를 낳는 게임이 있다면 얼마나 좋을까요? 우리 자녀들이 영어에 대한 태도와 생각, 활용도 및 그 활용법을 잘 정립하여 게임이 그러한 것처럼 영어가 즐거운 취미/여가/놀이/사회생활로 여겨진다면 얼마나 좋을까요? 실제 가능한 이야기입니다. 조금 있다가 어떻게 가능한지 살펴보겠습니다.

영어교육이란

현빈이와 예빈이는
어떻게 영어 원어민이
되었을까?

1. 필요 없다? 필요 없다!

앞 장에서 한국에서 영어란 어떤 존재인지, 어떻게 바라볼 것인지에 대해 살펴보았습니다. 아마 공교육 영어나 사교육 영어 교육업계에 계신 분들이 보시기에는 말도 안 되는 큰일 날 소리를 하고 있다고 하실지 모르겠습니다. 하지만 제가 보기에는 현재 우리나라의 영어교육 전반에는 고비용과 비효율, 모순과 몰상식이 만연해 있음을 부정할 수 없습니다. 본 소주제의 제목을 조금 더 길게 풀어 써 본다면 '현재 주류를 이루고 있는 영어 교육방식은 실효성 있는 영어 실력 향상에는 별 필요가 없다.'쯤 될 것입니다. 영어교육이 필요 없다니 웬 말도 안 되는 소리를 하냐고 하실 분도 있을 것입니다.

지금의 영어교육이라고 부르는 대부분의 방식은 주객전도(主客顚倒)의 전형입니다. 무엇이 영어교육의 주(主)가 되어야 합니까? 일본에서 건너온 영문법일까요? 언제 쓰일지도 모르는 고난도 어휘일까요? 심지어 미국 석박사들도 어려워하다 못해 틀리기도 하는 난해한 수능독해일까요? 도대체 뭐가 영어를 잘하는 걸까요? 여러분은 영어를 잘하시나요? 아님 잘 배우셨나요? 지금 정말 편안하게 영어를 구사하시나요?

잠깐 시간을 내어 자녀들의 영어교과서와 내신시험지를 꼼꼼히 살펴보시기 바랍니다. 요즘은 그래도 영어교육이론이 많이 적용되어 교과서 자체는 구성이 꽤 좋다고 생각합니다. 하지만, 등수를 가르고, 줄을 세우기 위한 변별력(?)을 위해 내신지필고사의 문항들에서는 '말'도 안 되는 작위적인 꼬임이 자주 보입니다. 좀 더 피부에 와닿게 설명하면, 우리 때 배웠던 내용과 별반 다르지 않았던 내용을 여전히 배우고, 우리 때 시험보다 몇 배는 더 요상하게 꼬아서 문제를 출제하고 있습니다. 그렇게 배운 어른들이 영어를 잘하고 있나요? 자녀들이 그런 시험문제들을 잘 풀어내면 영어를 잘하게 되는 걸까요?

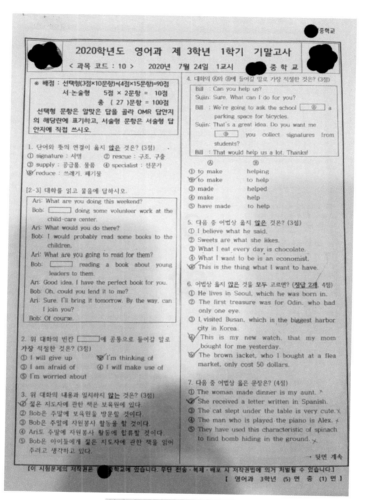

2020학년도 영어과 제 3학년 1학기 기말고사

< 과목 코드 : 10 >   2020년 7월 24일 1교시   ● 중 학 교

※ 배점: 선택형(3점×10문항)+(4점×15문항)=90점
　　　　 서·논술형　 5점 × 2문항 = 10점
　　　　 총　[27]문항 = 100점

선택형 문항은 알맞은 답을 골라 OMR 답안지
의 해당란에 표기하고, 서술형 문항은 서술형 답
안지에 직접 쓰시오.

1. 단어와 뜻의 연결이 옳지 않은 것은? (3점)
① signature : 서명　　　 ② rescue : 구조, 구출
③ supply : 공급품, 물품　 ④ specialist : 전문가
⑤ reduce : 쓰레기, 폐기물

[2-3] 대화를 읽고 물음에 답하시오.

Ari: What are you doing this weekend?
Bob: [　　] doing some volunteer work at the
　　　 child-care center.
Ari: What would you do there?
Bob: I would probably read some books to the
　　　 children.
Ari: What are you going to read for them?
Bob: [　　] reading a book about young
　　　 leaders to them.
Ari: Good idea. I have the perfect book for you.
Bob: Oh, could you lend it to me?
Ari: Sure. I'll bring it tomorrow. By the way, can
　　　 I join you?
Bob: Of course.

2. 위 대화의 빈칸 [　　]에 공통으로 들어갈 말로
가장 적절한 것은? (3점)
① I will give up　　　　 ② I'm thinking of
③ I am afraid of　　　　 ④ I will make use of
⑤ I'm worried about

3. 위 대화의 내용과 일치하지 않는 것은? (3점)
① 젊은 지도자에 관한 책은 보육원에 있다.
② Bob은 주말에 보육원을 방문할 것이다.
③ Bob은 주말에 자원봉사 활동을 할 것이다.
④ Ari도 주말에 자원봉사 활동에 합류할 것이다.
⑤ Bob은 아이들에게 젊은 지도자에 관한 책을 읽어
주려고 생각하고 있다.

4. 대화의 ⒜와 ⒝에 들어갈 말로 가장 적절한 것은? (3점)

Bill : Can you help us?
Sujin: Sure. What can I do for you?
Bill : We're going to ask the school [　⒜　] a
　　　 parking space for bicycles.
Sujin: That's a great idea. Do you want me
　　　 [　⒝　] you collect signatures from
　　　 students?
Bill : That would help us a lot. Thanks!

　　　 ⒜　　　　　　 ⒝
① to make　　　　 helping
② to make　　　　 to help
③ made　　　　　 helped
④ make　　　　　 help
⑤ have made　　　 to help

5. 다음 중 어법상 옳지 않은 것은? (3점)
① I believe what he said.
② Sweets are what she likes.
③ What I eat every day is chocolate.
④ What I want to be is an economist.
⑤ This is the thing what I want to have.

6. 어법상 옳지 않은 것을 모두 고르면? (정답 2개, 4점)
① He lives in Seoul, which he was born in.
② The first treasure was for Odin, who had
　　 only one eye.
③ I, visited Busan, which is the biggest harbor
　　 city in Korea.
④ This is my new watch, that my mom
　　 bought for me yesterday.
⑤ The brown jacket, who I bought at a flea
　　 market, only cost 50 dollars.

7. 다음 중 어법상 옳은 문장은? (4점)
① The woman made dinner is my aunt.
② She received a letter written in Spanish.
③ The cat slept under the table is very cute.
④ The man who is played the piano is Alex.
⑤ They have used this characteristic of spinach
　　 to find bomb hiding in the ground.

- 뒷면 계속

실제 어느 중학교의 영어시험지_1

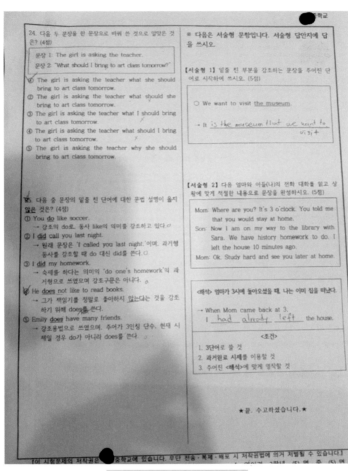

실제 어느 중학교의 영어시험지_2

수능영어문제를 보면 또 다른 갑갑함을 느끼게 됩니다. 매년

50 　　　　　　　　　　　　　현빈이와 예빈이는 어떻게 영어 원어민이 되었을까?

조금씩 난이도가 다르기는 하지만, 대체적으로 점점 어려워져 왔습니다. 어느 해인가 쉽게 출제되었다고 할 때가 있지만, 그마저도 실제로는 쉽지도 않습니다. 오죽하면 공부 꽤나 했던 여러 영어 원어민들도 대한민국의 영어 수능독해문제를 보면 혀를 내두르며 답을 찾기 힘들어하겠습니까?

우리나라의 모든 학생들은 결국 위 두 종류의 시험을 위해 영어공부를 합니다. 학생들을 교육(?)하는 이 나라의 영어교육은 학생들이 시험에서 고득점을 맞을 수 있도록 말도 안 되게 빡세게 훈련(?)을 합니다. 제가 '말도 안 되게'라고 한 것은 정말 '말'이 되지 않게 하는 방식으로 가르치고, 훈련시키기 때문입니다. 초등학교까지는 그나마 시간과 비용을 투자해서 '말'이 되게 한다는 영어교육방식을 일부 적용해서 가르치기는 합니다. 그러나 초등학교 5~6학년이 되면 방법을 완전히 바꾸어 '내신'과 '수능'에 최적화된 화석과 같은 방식으로 '영어교육'을 변질시키기 시작합니다.

사실, 영어 사교육이 문제인지, 사교육을 조장하는 공교육이 문제인지, 무슨 수를 써서라도 내신과 수능에서 좋은 점수를 받게 하려는 학부모가 문제인지, 이도 저도 아니면 그 많은 금전과 시간을 투자해도 별 결과를 내지 못하는 학생들이 문제인지 알아보는 것은 무의미합니다. 왜냐하면 이 모든 부분이 서로 얽히고 설켜서 엄청난 역효과를 만들어 내기 때문입니다.

이런 식의 '영어교육'이라면 필요 없다고 생각합니다. 차라리 없는 것이 낫습니다. 그냥 학생들이 알아서 필요한 만큼, 필요한 부분을, 필요한 시기에, 적절한 방법으로 배우고 익히도록 내버려 두는 편이 훨씬 현명해 보입니다.

한편, 어떤 분들은 한국 사회에서 '대학'이라는 것의 의미와 그 엄청난 무게를 알기에, 어쩔 수 없이 현재 영어교육의 방식을 따를 수밖에 없다고 하십니다. 또 다른 분들은 현재의 영어교육을 부정하면 실현 가능한 대안을 가지고 따지는 거냐고 따져 물으십니다. 위 두 가지 말씀 모두 일리가 있으며, 그에 대한 답 역시 단기간에, 그리고 단박에 모든 것을 뒤집는 것은 아니기에 그냥 거대한 한국식 영어교육의 '조류'에 묻혀 버리기 쉽습니다. 하지만, 대안이 있고 실현 가능합니다. 조금 있다가 보여 드리겠습니다.

2. 없다? 없다!

현재 대한민국에는 진정한 의미의 영어교육은 없다고 해도 과언이 아닙니다. 이런 영어교육이 없다고 하는 이유는 수능과 내신이라는 두 마리 토끼를 잡으려면 진짜 영어와는 완전히 손을 떼야만 하기 때문입니다. '실용영어'를 위해 편성된 교과서의 영역들마저도 결국 시험지 위에서 맞고 틀리는 점수로 그 실용성을 판단합니다. 그렇기에 여러 공교육과 사교육의 선생님들이 아무리 혁신적인 마음으로 영어를 교육하겠다고 마음먹어도 이내 거대한 '조류'를 거스를 수 없음을 깨닫게 됩니다.

영어는 도대체 무엇에 쓰는 물건입니까? 과격하게 말하면, 현재 우리나라의 교육체제상의 영어는 아무짝에 쓸모없는 물건이 되어, 아무짝에 쓸모없는 방식으로, 아무짝에도 쓸 수 없는 결과물을 낳는 돈 먹는 하마가 되어 버렸습니다. 크고 작은 수많은 영어교육기관이 전국에 촘촘히 배치되어 레벨과 연령에 따라 밤낮으로 영어를 '가르친다'고 애쓰고 있지만, 지극히 상식적인 관점에서 보면 모두 헛수고하고 있는 것입니다. 현업에서 불철주야 노력하시는 분들을 비난하는 것이 아니라, 이럴 수밖에 없도록 몰아가는 이 나라의 교육 현실을 개탄하는 것입니다.

3. 장유유서_부모 먼저!

　이런 답답한 현실을 타개할 열쇠는 우리 부모에게 있다고 믿습니다. 부모가 자녀들을 올바른 영어교육의 길로 이끌어야 합니다. 학생들이 자신의 잠재력을 깨닫고 그들의 미래에 쓰일 날개를 키우는 마음으로 영어를 배워 익힐 수 있도록 부모가 먼저 중심을 세워야 합니다.

　우선, 한국의 영어교육에 문제가 있음을 인식해야 합니다. 이대로 학생들이 지금처럼 영어를 배우면 진짜 영어를 필요로 할 때가 되어서는 다시 시작해야 합니다. 초중고에 걸친 10여 년간의 정규교육 및 사교육 영어의 공든 탑이 허상이었음을 머지않아 깨닫게 됩니다. 아이러니하게도, 이런 상황에서도 학생들은 다시 학원으로 돌아가게 됩니다. 거기서 또 단기로 단편적인 영어 스킬만 대충 훈련받고, 다른 부분이 필요하면 또 학원에 의지하게 됩니다. 이런 상황이 지속적으로 반복되고 있는데도 학생도, 학부모도 끝없이 같은 길로 몰려가고 있습니다. 10년이면 강산도 변한다는데 10년 넘게 돈과 시간과 노력을 쏟아붓고도 말짱 도루묵이 되는 것이 현실입니다. 이 현실이 대다수의 우리들을 지배하고 있음을 인식해야 합니다.

완벽한 해결책이 아직 시야에 들어오지는 않았더라도, 적어도 현재보다는 나은, 좀 더 효과적이고 실질적이며 이치에 닿고 뭔가 보람 있고 결실을 볼 수 있는 방법이 있기를 바라고 믿으며 찾아보아야 합니다. 뜻이 있는 곳에 길이 있습니다. 함께 알아봅시다!

4. 추락하는 영어에 날개 달기

저는 대학원에서 TESOL(Teaching English to the Speakers of Other Languages/영어교육)을 전공했습니다. 학과의 이름을 한국말로 풀어 보면 '다른 언어사용자들에게 영어 가르치기' 전공입니다. 큰 포부를 품고 전공을 시작했지만, 첫 강의에서 곧 명해졌습니다. 교수님은 강의에서 '여러분은 영어를 가르칠 수 없다는 것을 인정해야 한다'고 하셨습니다. 영어를 제대로 가르쳐 보겠다고 대학원까지 왔는데 초장부터 '영어를 가르칠 수 없다는 것을 인정하라'라니요. 황당했습니다.

그렇습니다. 영어를 학문으로 가르치려 들면 가르칠 수 없다는 아이러니입니다. 영어교육의 진정한 초점은 학습자가 영어라는 언어를 유창하게 구사할 수 있도록 가용자원의 적절한 배치와 가이드를 통해 언어활동의 촉진자의 역할을 하라는 것이 영어교육의 목표가 되어야 한다는 말입니다. 그래서 영어교육에 있어서 '티칭(Teaching)'보다는 '퍼실리테이팅(Facilitating: 촉진하기)'이라는 말이 더 힘을 받는 이유입니다. 영국 혹은 미국의 문학과 그 배경을 이해하고 연구하는 영문학자가 되는 것이 목표가 아닌 이상, 문법과 어휘를 통한 독해에 모든 중심이 옮겨져 있는 한국의 영어교육은 비정상이라고 해도 과언이 아닙니다.

컬럼비아대학교에서 TESOL 공부하던 시절

현빈이와 예빈이는 어떻게 영어 원어민이 되었을까?

비정상적인 영어교육이 정상화가 되어 있는 우리나라에서 영어를 가르친다는 것은 참으로 어려운 일입니다. 교·강사가 수능과 내신 준비에 몰두하여 강의의 전문성을 갖추는 것도 쉬운 일은 아닙니다. 하지만 그 와중에 언어 본연의 영어를 가르친다는 것은 실전에서 거의 불가능에 가까운 이상이 되어 버렸습니다. 저 역시 오랜 시간 매우 다양한 학생들에게 거의 모든 분야의 영어를 '강의' 하고 가르치면서 부단히 '제대로' 영어를 가르쳐 보려 발버둥 쳤지만, 성공 사례는 그리 많지 않습니다.

언어에는 4가지 영역이 있습니다. 듣고 말하고 쓰고 읽는 것이 그것입니다. 듣기와 읽기는 수동적인 영역으로, 말하기와 쓰기는 능동적인 영역으로 분류합니다. 영어로는 Receptive Skills(받아들이는 기술)와 Productive Skills(생산해 내는 기술)라고 부릅니다. 인간은 가장 먼저 자연스럽게 Receptive Skills 중 듣는 능력의 향상이 이루어집니다. 이것이 모든 언어발달의 바탕이 됩니다. 읽기가 아니라 듣기가 먼저인 것도 기억해야 합니다. 제가 쓴 표현을 잘 보아 주십시오. '먼저'라는 말입니다.

언어기술 (Language Skills)	받아들이기 (Receptive)	만들어내기 (Productive)
구술언어(Oral)	1. 듣기(Listening)	2. 말하기(Speaking)
쓰기언어(Written)	3. 읽기(Reading)	4. 쓰기(Writing)

언어의 네 가지 영역과 습득 순서

모든 언어는 반드시 받아들이는 듣기 기술을 '먼저' 익히는 것이 '자연스러운' 것입니다. 우리 현실은 어떨까요? 유치원 때부터, 아니 그 전부터 문자언어를 익히게 합니다. 한글도 어려울 텐데 영어 문자를 익히게 합니다. 아이들에게는 그야말로 말도 안 되는 고문입니다. 아무리 재미있게 교재를 구성해도 곧 실증이 나는 것이 당연합니다. 외워야 하니까요. 집에서는 안 쓰니까요. 친구들과 그 언어로 대화하지 않으니까요. 학습에 대한 개념조차도 아직 성립되기 전인 그 순진무구한 아이들에게, 아직 한국말도 서툴고, 특히 한글도 읽고 쓰기 어려운 상황에서 영어 알파벳을 쓰고 외우게 하는 것은 너무합니다. 거기에 파닉스라 하는 무시무시한 암기 과목(?)을 더해 복잡한 기호에 소리를 입혀 외우게 합니다. 파닉스 숙달이 곧 지상 과제가 됩니다. 왜 이렇게 할까요? 그렇게 하면 영어로 된 동화책을 읽을 수 있게 되니 엄청난 발전을 단시간에 이루어 영어 실력이 좋아진다는 이치에 닿지 않는 믿음을 과대포장 했기 때문입니다.

　파닉스의 효과를 모르는 바 아닙니다. 읽기가 외국어 습득에 엄청난 효과가 있다는 것을 잘 압니다. 하지만, 파닉스의 예를 들면, 그건 영국이나 미국처럼 영어가 모국어인 나라에서 주로 어린이들에게 읽기와 쓰기를 교육하기 위해 쓰일 때나 적절하고 효과적입니다. 어린이를 대상으로 하지 않아도 효과를 본 파닉스 활용 사례가 있긴 합니다. 흑인들의 문맹률이 높아 고민이 많던 미국의 관공서에서 흑인들에게 파닉스를 가르쳐 읽고 쓰는 능력을 단시간에 효과적으로 배양하여 그들을 관리하는 여러 행정업무를 가능하게 하는 데 큰 역할을 한 경우입니다. 이처럼 영어를 모국어로 하는 국가에서 읽고 쓰는 능력을 개발할 때 유용한 것이 파닉스인 것입니다.

우리나라에서 파닉스가 영어교육의 기본이 된 것은 영어교육 전반에 걸쳐 씻을 수 없는 상처를 남기는 비극이라고 생각합니다. 우리나라에서 활용되는 파닉스는 그 근본 자체가 자연스러운 언어발달 혹은 영어교육을 저해하는 출발점이 됩니다. 중력을 거슬러 나아가는 것입니다. 물살을 거슬러 올라가 산란하는 연어의 힘찬 모습을 그리며 우리도 그렇게 할 수 있다고 하실 수도 있지만, 연어가 그렇게 하는 것은 그것이 '자연스러운' 것이기 때문입니다. 리딩(읽기)이 언어습득에 매우 효과적이라는 훌륭한 이론이 우리나라에서는 파닉스와 연결되면서 그 본질이 흐려졌습니다. 오히려 리딩의 강조가 파닉스 훈련의 강화라는 역효과를 낳는 아이러니의 원인이 되어 버렸습니다. 답답합니다.

뭘 가르쳐야 할까요? 한국에서 영어라는 언어를 가르칠 수 있기나 한 걸까요? 앞서 말씀드렸듯이, 영어는 교사가 가르친다기보다는 학습자의 습득을 촉진시키는 것입니다. 촉진시킬 영역도 문법과 어휘와 독해로 빈틈없이 꽉 짜여 있는 입시영어대비를 위해 것이 되어서는 안 됩니다. 그 대신, 우선은 자연스러운 습득의 방식인 '듣기'에 먼저 초점을 두어야 합니다. 요즘은 시대가 좋아서 듣는 것에 더해 더 현실을 잘 반영하는 보면서 듣는 것이 언제나 가능하게 되었습니다. 어떻게든 많이 들어야 합니다. 정자세로 꼿꼿이 앉아서 헤드셋 끼고 영어듣기 문제를 장시간 듣게 하라는 것이 아닙니다. 처음부터 영어로 된 무언가가 재미있고 흥미로운 것이 되도록 환경을 조성하여 스스로 더 끌리는 것을 찾아서 할 수 있도록 이끌어 주는 것이 시작입니다. 제 말을 읽고 계신 어떤 부모님들은 이런 생각을 하실 것 같습니다.

'그럴싸하지만 결국에는 입시영어로 돌아올 수밖에 없다'

'벌써 초등학교 3학년인데 자연스러운 영어학습은 너무 늦었다'

'치열한 한국 입시의 현실을 모르는 이야기다'

'그래도 파닉스로 시작해서 문법과 어휘를 바탕으로 심화독해를 향해 가야 한다'

제가 드리는 답은 정반대입니다.

'진짜 그렇고, 입시영어를 넘어선다'

'아직 초등학교 3학년이면 자연스럽게 영어 학습할 시간이 매우 충분하다'

'치졸한 한국 입시의 현실을 완전 잘 알기에 이렇게 한다'

'파닉스 안 하고 문법은 필요한 때만 필요한 만큼만 하고 자연스럽게 어휘를 익히면 심화독해는 물론이고 심화토론까지 된다'

일정 기간 이미 한국식 영어교육의 쓴맛을 본 학생들과 그 부모님들도 희망을 가지셔도 좋습니다. 이제라도 충분히 제대로 된 목적과 목표를 두어 제대로 된 교육법으로 이끌면 현재의 안타까운 영어교육의 열매보다는 훨씬 현실적이고 강력한 결실을 볼 수 있습니다.

5. 뭣이 중한디?

대체로 한국인들은 다른 사람들과 영어로 대화하거나 연습하는 것을 굉장히 어렵고 불편해합니다. 어떤 분들은 영어 원어민들과 대화하는 것을 어려워하고, 다른 분들은 한국인들끼리 영어로 대화하는 것을 더 어려워하기도 합니다. 다른 나라의 경우와 비교해 봐도 유독 우리나라 사람들은 영어로 대화하는 것을 힘들어합니다. 그 배경과 이유가 너무 광범위해서 여기서 다 논할 수는 없습니다. 다만 언어교육의 관점에서 본다면, 내가 자신 없어 하는 영어로 말할 때 누군가가 그것을 평가하고, 오류를 발견해 내고, 비교할 것이라는 두려움이 주된 이유라고 할 수 있습니다. 여러분들이 학창 시절 받아 온 영어교육을 찬찬히 뒤돌아보시면 금방 깨달을 수 있을 겁니다. 우리는 영어를 틀리지 않기 위해 배웠습니다. 영어 선생님들은 우리가 시험에서 틀리지 않도록 영어를 가르쳤고, 우리는 그렇게 영어라는 언어에 있어 '틀리는' 것을 부끄러워하게 되었습니다. 뿐만 아니라, 대입에서 중요한 부분을 차지하는 영어 과목에서 많이 '틀리면' 소위 말하는 '유명' 대학 입학은 물 건너가고, 자신이나 부모님에게 덜 자랑스러운 학교에 가는 경우가 다반사가 되게 됩니다.

이렇다 보니, 우리는, 아니 우리 자녀들 역시 여전히 영어에 관해서는 틀리는 것을 두려워하게 되었습니다. 우리네 학부모님들은 자녀들의 영어 수준을 알기 위해 학교 점수와 더불어 영어학원에 가서 레벨테스트를 보게 합니다. 자녀 입장에서 보면 정말 지긋지긋합니다. 영어를 잘할 수 없는 방식으로 온 세상이 돌아가 그들을 괴롭히는 형국입니다. 외국어를 더 잘, 더 빠르게, 더 오래가도록 배우려면 되도록 많은 상황에서 되도록 많은 실수를 비난이나 평가의 두려움 없이 최대한 자주 할 수 있어야 합니다. 이게 자연스러운 언어습득의 방식입니다. 그런데 우리는 어떻게 하고 있습니까?

이제 우리는 영어를 어떻게 가르쳐야 할까요? 먼저는 '가르친다'의 개념을 바로 세워야 합니다. 문법규칙을 주입하여 교묘하게 꼬아 놓은 시험문제들을 실수 없이 풀 수 있도록 훈련하거나, 어휘 암기의 확인을 위한 매일의 테스트, 복잡하고 어려운 개념의 지문을 분석하는 훈련을 통해 실수를 줄이게 하려는 독해 연습은 '가르치는' 것이 아닙니다. 그건 자유로운 사고를 통해 창의적이고 독창적인 방식으로 자신의 난제를 극복해 온 인간에게 적합한 방식이 아닙니다.

정말 잘 가르치려면, 일단 학생들이 동기부여가 되어야 합니다. 스스로 동기부여가 되어야 무엇을 하든 자발적으로 자신의 상황을 파악하고, 목표를 설정하며, 문제가 발생하면 가장 효과적인 방식과 방법을 통해 극복하는 노력을 기울이게 됩니다. 난해한 문제의 정답을 찾아 틀리지 않고 높은 점수를 받아 비난을 피하고 칭찬을 구하며, 이후의 대학입시에 도움이 되게 하는 것이 현재 우리 자녀들이 가질 수 있는 모범적인 동기일 것입니다. 그러나, 그나마 가능한 동기부여의 형태도 그 자체로 언어 습득 및 발달에 있어서는 모순이고, 근시안적이며, 잠시만 삐끗해도 모래성처럼 쓸려 가 버리는 임시변통일 뿐입니다.

 지속 가능한 동기부여는 학생들이 영어라는 언어가 쓸모 있는 도구로써 나에게 유용하다는 것을 직간접의 실제 경험을 통해 스스로 인식할 때 가능합니다. 그들이 영어를 통해 나의 관심과 취미 등을 접하고 개발하고 나누는 경험을 할 수 있도록 여건을 마련해 주어야 합니다. 어떤 형태의 영어학습을 하든지 학습자가 비난받거나, 실수에 대한 부정적인 지적을 받거나, 남들과 비교당하거나, 평가받지 않도록 해야 합니다. 우리가 우리의 영어 실력이 많은 사람들 앞에서 점수로 매겨져 평가되어 만천하에 알려지고 싶지 않은 것처럼 자녀들도 마찬가지입니다.

 자녀들에게 영어학습과 영어교육이 재미난 것이 되도록 이끌어야 합니다. 피나는 노력과 불굴의 의지로 지루하고 어렵기만 한 영어를 극복해내기를 우리 학생들에게 기대하면 안 됩니다. 피 안 나면서 할 마음이 스스로 생겨나도록 우리가 그런 여건을 마련해야 합니다.

6. 투자 or 낭비?

대한민국 국민으로서 21세기를 살아가는 데 영어는 중요한 역할을 하는 것이 분명합니다. 어떤 분야에서든지 '영어를 잘한다'라는 것은 항상 큰 힘을 발휘합니다. 다른 과목 혹은 분야에 계신 분들께는 송구하지만, 현재로서는 영어라는 것이 가진 보편적인 힘과 권력은 타의 추종을 불허합니다. 언어 자체가 우월하거나 특출난 것은 없는데 현재 세상의 모양새가 그렇습니다.

상황이 이렇다 보니 이 나라의 모든 부모님들은 자녀가 이 세상에 태어나면 몇 년 이내에 이 아이에게 어떻게 영어를 가르칠지 고민하게 되고 여러 가지 방식으로 가르치기 시작합니다. 그러다 보면, 그 아이는 유치원에 다닐 나이가 되고 곧 초중고등학교에 입학합니다. 이후 대학교를 가게 되면 어느 정도 사회에서의 위치에 대한 자리매김을 하게 됩니다. 이 과정에서 영어는 큰 역할을 합니다. 경제적으로 여유가 있고 영어에 욕심이 있으신 부모님들은 자녀들이 어릴 때부터 '영어유치원'에 보내는 경우가 있습니다. 또는 영어 원어민이 가르치는 학원에 보내거나 영어 과외를 하게 합니다. 보통의 가정에서도 적정한 비용의 영어학원을 보내거나, 과외를 시켜 주거나, 온라인 화상영어를 하게 합니다. 어지간해서는 자녀의 영어교육에 대한 투자를 전혀 하지 않는 가정은 없어 보입니다.

그런데, 초등학교에서 중학교로 넘어가면서, 아니면 그보다 이르게 초등학교 고학년이 되면서부터 부모님들은 고민에 빠집니다. 이전까지는 어느 영어 교육기관에서든 듣고 말하고 읽고 쓰기를 고루 가르치거나, 말하기를 위주로 가르쳤는데, 초등학교 고학년만 되어도 문법이 주가 되는 수업으로 바뀌게 되는 겁니다. 학생의 듣기와 말하기 능력의 중요성은 문법과 어휘 및 독해 뒤로 밀려 사라지고, 기껏해야 부수적인 맛보기 학습으로 전락합니다. 즉, 문법이나 독해에 방해가 되지 않는 정도로만 시간과 내용을 배정합니다. 세월이 조금 더 흘러 중학생이 되면 '어학원'에 가지 않는 이상 듣기와 말하기는 거의 전혀 가르치지 않습니다. 설령 '어학원'에 가더라도 학교 시험기간이 되면 아예 어학원 본연의 수업은 진행하지 않고 문법 위주의 시험 대비로 모든 스케줄이 변경됩니다. 이런 현실을 나열하다 보니 가슴이 답답해져 옵니다. 그나마 초등학교 시절 익혔던 언어로써의 영어능력과 이에 대한 관심은 위 시기를 지나면서 사라지게 됩니다. 우리가 다리를 다쳐 깁스를 한 채 몇 달만 생활해도 근육이 줄어 뼈만 남는 것처럼, 영어도 쓰지 않으면 앙상한 가지만 남게 됩니다. 그 앙상한 가지마저 고등학교에 가면 바싹 말라 거의 못 쓰게 되어 버립니다.

제 관점에서 볼 때, 위의 과정 중에 영어교육에 쏟아부어진 시간과 노력 및 비용은 고스란히 낭비가 된다고 생각합니다. 그나마 어린 시절 몇 년 동안 겨우겨우 생겨난 작은 영어근육들이 중고등학교를 거치면서 억지로 못 쓰게 하여 말라 비틀어지는 겁니다. 차라리 영어에 대한 아무 교육도 시키지 않고 내버려 두는 것이 훨씬 가성비가 높은 결과를 낼 것입니다. 우리나라의 이런 현실은 품질 좋은 씨앗들을 완전치는 않지만 생육할 만한 화단에서 몇 년 키우다가, 이제 좀 자라고 나니 그늘도 전혀 없는 땡볕 자갈밭에다가 휙 던져 놓고 물 주고 거름 주고 하면서 몇 년 동안 불굴의 의지로 이 모든 역경과 고난을 극복하여 맛있는 열매를 맺으라고 채근하는 것과 별다르지 않습니다.

이런 말도 안 되는 낭비를 온 국민이 발 벗고 나서서 하는데도 영어교육의 현실과 흐름은 큰 틀에서 수십 년째 변하지 않은 채, 그 입지를 더 강화하는 방향으로 진화해 왔습니다. 이런 낭비를 끝없이 계속하도록 부추기는 영어교육의 형태도 꾸준히 변화해 왔습니다. 황당하게도, 이런 낭비를 사람들은 영어에 대한 투자라고 부릅니다. 아니 투자라고 믿고 싶고, 이내 믿으면서 많은 희생을 하며 해내고 있습니다. 이런 희생에 걸맞는 의미 있는 보상이 따른다면 참 좋겠지만, 전혀 그렇지 않습니다. 혹시 여러분이나 주변에 위와 같은 피 같은 투자로 영어교육을 자녀에게 제공하면서 영어를 원어민처럼 능수능란하게 사용하게 되고, 가족관계가 더 돈독해지고, 자녀와의 신뢰와 애정이 더 깊어지는 분들을 얼마나 보셨나요?

2021년을 사는 우리와 우리 자녀들에게 영어라는 언어는 분명 미래를 위한 투자의 대상이 되는 초대형우량주인 것은 확실합니다. 각 가정의 경제적 여건에 맞추어 적정한 금액을 영어라는 우량주에 투자하는 것은 필요한 일입니다. 하지만 허위정보를 믿고 모든 자본을 올인하는 것은 파산의 지름길입니다. 수십 년간 대한민국에는 이렇게 파산한 학부모와 학생들이 넘쳐납니다. 더 안타까운 것은 이런 상황이 여전히 현재 진행형이고, 그 정도가 매년 더 심해진다는 것입니다.

위에서 살펴본 것처럼 입시에 목맨 영어교육은 쓸모 있는 투자를 빙자한 쓸데없는 낭비입니다. 낭비보다 더한 무모한 자충수가 되는 경우가 비일비재합니다.

지금 이 순간 현빈이와
예빈이네

현빈이와 예빈이는
어떻게 영어 원어민이
되었을까?

1. 더할 나위 없다

저는 말로만 하는 걸 싫어합니다. 나는 하지 않으면서 다른 사람에게 하라고 하는 것을 싫어합니다. 초등학교 시절 배운 도덕책의 내용이 옳다고 생각합니다. 지행합일, 언행일치가 중요하다고 믿습니다. 이러한 간단하지만 중요한 원리는 우리 집의 교육, 여기서는 영어교육에도 적용됩니다.

영어 꽤나 한다고 하는 자칭(?) 영어교육전문가이기에 제 자녀의 영어교육은 설렘이면서 동시에 부담이고, 숙제이면서 동시에 테스트 같은 것이었습니다. 영어가 어떻고 영어교육은 이렇게 하는 것이라고 외치면서 우리 가족 내의 영어교육은 제대로 못 하거나, 그간 말해 온 것과는 다른 방법으로 한다는 것은 저에게는 용납할 수 없는 것입니다. 제가 진심으로 믿고 받아들이며 전파하려는 영어교육의 원리와 방식에 대한 확신이 있기에 제 자녀들에게도 그에 따라 키웠습니다.

현재 제 아이들의 영어교육 상태는 한마디로 더할 나위 없이 만족스럽습니다. 이렇게 말하는 것이 조금은 자기 자랑 같아 민망하기도 합니다. 하지만, 실은 언어교육의 올바른 원리에 입각

한 영어교육이 자연스럽게 이끌어 내는 결과이기에 제 자랑이 아닙니다. 그보다는 누구에게나 적용되는 보편타당한 영어교육의 원리에 대한 결과물이기에 다른 분들께 드러내 보여 보다 많은 분들이 같은 결과를 얻기를 바라는 마음에 이 책을 쓰게 되었습니다.

이 책의 서두에서 소개해 드렸듯이 저희 집에는 13살 아들과 9살 딸이 있습니다. 그냥 토종 한국 아이들입니다. 영어권 국가에 한 번도 나가 보지 못한 경제적 형편이 여유롭지 못한 서민 가정입니다. 아들은 본인이 하고 싶다는 태권도, 주짓수, 복싱, 축구 등 외에 어떤 사교육도 받지 않았습니다. 딸은 수영, 미술 및 피아노를 배우고 싶어 하지만 여의치 않아 해 주지 못하고 있습니다. 하지만 이 아이들은 영어 원어민의 영어를 구사하는 이중언어사용자(Bilingual)가 되었습니다. 영어 관련 어떤 사교육도 하지 않았습니다. 영어뿐 아니라 어떠한 학습에 대한 압박도 부모로서 준 적이 없습니다. 그럴 의도도 전혀 없습니다. 앞으로도 마찬가지입니다. 다만, 이 아이들이 영어라는 언어가 즐거운 무언가를 보거나, 하거나, 익히는 데 유용한 도구가 되는 것임을 스스로 느끼고 받아들이고 인식할 수 있는 지극히 자연스러운 환경을 마련해 주었습니다.

달빛 아래 놀고 있는 현빈이와 예빈이

얼마전부터 제 아내는 열심히 영어공부(?) 및 연습을 합니다. 둘째의 영어능력마저 폭발적으로 성장하여 도저히 따라갈 수 없는 수준이 되니 이제는 안 되겠다 싶어 어쩔 수 없이 책을 잡고 연습하고 있습니다. 두 아이들이 엄마의 영어 트레이너가 되었습니다.

이중언어구사자인 두 아이들 덕분에 저희 가정은 두 배로 재미있습니다. 농담과 장난이 두 언어로 자연스럽게 나오니 그 재미가 배가 됩니다. 웃고 떠들 일들이 더 많아지고 대화가 더 깊어지고 더 편안해졌습니다. 즐겁고 재미있는 즐길 거리가 두 배가 되었습니다. 다양한 두 언어의 표현이 수시로 오가면서 사고가 더 다채롭고 다양하며 폭넓게 되었습니다. 한국어로 이해가 안 되는 사항을 영어로 설명해 주거나, 그 반대로 하면 어렵거나 복잡한 내용과 상황도 쉽게 이해하게 되었습니다. 장기와 오목도 재미있고, 서양의 체스도 정말 재미있어 합니다. 사실 가족 중에 저만 체스를 전혀 못합니다. 영어를 썼다 우리말을 썼다 편한 대로 왔다 갔다 합니다. 한국 영화를 보든 미국 영화를 보든 자유롭습니다. 저희 가정은 가족 간에 일어나는 여러 사항들에 관해 가족토론을 하거나, 서로 가르치는 일들을 자주 하는 편인데, 이때 영어와 한국어가 자주 번갈아 필요한 대로 사용됩니다.

어떤가요? 좀 멋지지 않습니까? 다시 말씀드리지만, 저희 집 자랑을 하려고 말씀드리는 것이 아닙니다. 평범한 저희 가정에 적용된 보편 타당한 원리라면 여러분들께도 해당된다는 것을 알려 드려 더 많은 분들에게도 이 혜택이 돌아가기를 바랄 뿐입니다.

2. EFL vs. ESL

많은 부모님들과 심지어 영어를 가르치시는 분들 중에도 영어교육에 대한 큰 오해가 있는 부분이 있습니다. 그것은 바로 EFL(English as a Foreign Language: 외국어로서의 영어)과 ESL (English as a Second Language: 제2외국어로서의 영어)입니다. 대한민국에서 영어는 EFL일까요, 아니면 ESL일까요? 어떤 철자가 더 눈에 익으신가요? 아마도 ESL이라는 문구가 더 익숙하실 겁니다. 이게 문제입니다. 우리에게 영어는 외국어입니다. 교실 밖에서는 영어를 사용하지 않습니다. 은행에 가도, 마트에 가도 영어가 쓰이지 않습니다. 심지어 영어교실 안에서도 영어를 사용하지 않습니다! 이것이 EFL, 외국어로서의 영어입니다. 반면 ESL은 싱가포르나 필리핀처럼 모국어 외에도 영어를 공용어로 쓰는 언어환경을 말하는 것입니다. 그들의 모국어는 따로 있지만 교실 밖에 나가서도 쉽게 영어에 노출되어 접할 수 있습니다. 이와 같이 EFL과 ESL은 영어를 바라보는 관점이 완전히 다릅니다.

이러한 전제를 제대로 깔고 영어교육을 고려하고, 계획하고, 실행해야 합니다. 그런데 현실은 어떻습니까? 시중의 많은 교재와 어학원들이 ESL을 바탕으로 커리큘럼을 짜고 학생들을 가르치고 있습니다. EFL 환경을 이해하는 듯하나 정작 모든 교재나 수업방식은 ESL 환경을 전제로 커리큘럼을 구성합니다. EFL 환경을 ESL 환경과 비슷하게 조성하도록 유도하는 듯하지만 결국 영어를 '공부'하도록 하는 방법들입니다. 그런 방법을 조언하는 기관들도 결국은 가정에서 ESL 환경을 조성하는 것은 어려우니 자신의 학원에서 체계적으로 ESL 교육을 받으라는 권유로 마무리됩니다. 그럼 학원에서는 ESL 교육이 될까요? 양면의 구분이 없는 뫼비우스의 띠처럼 가정에서 ESL 환경 조성이 안 되는 상황이라면 학원에서 어떤 프로그램으로 영어를 가르치든 결국 EFL일 수밖에 없습니다.

컬럼비아대학교 TESOL 학우들과 함께

우리가 살고 있는 EFL 환경을 있는 그대로 인정하고 그에 맞는 영어교육 철학과 방식을 정해야 합니다. 그에 따라 각 가정의 상황을 고려하여 융통성 있는 교육방법을 찾아내야 합니다. 어떤 영어교육 프랜차이즈의 프로그램도 개별 학생들의 필요사항을 제대로 충족시켜 줄 수 없습니다. 그런 시스템은 존재하지 않습니다. 그럴싸해 보이도록 여러 이론적 근거를 바탕으로 설명하고 있겠지만, 어불성설입니다. 각 학생들의 개인적 성향과 현재의 상황 및 가용자원과 목표가 다른데 어떻게 정형화된 시스템이 그 다양한 개인들의 필요 및 요구사항을 다 만족시킬 수 있을까요? 뿐만 아니라, 우리나라의 영어교육기관들의 목표는 결국 내신과 수능에 필요한 영어에 적합한 커리큘럼으로 가르치고 있기 때문에 태생적으로 진짜 영어를 가르친다는 것은 불가능한 목표일 수밖에 없습니다. 한 대도시 영어학원이 내걸은 홍보 문구입니다.

"고등영어를 모르며 가르치는 초중영어 이대로 괜찮습니까?
대치동 영어"

참담합니다.

3. 우리 집은 ESL 실사판

많은 책과 학원들이 영어교육에 최적화된 커리큘럼과 프로그램들을 앞다투어 내놓고 있습니다. EFL 환경에서 ESL 환경에 가깝도록 애써 개발한 것들입니다. 시대가 시대이니만큼 각종 멀티미디어와 인터넷과 각종 앱을 활용하는 고급스러운 최첨단 기술들이 적용되어 있습니다. 각 프로그램들에는 여러 학생들의 성공 사례들이 멋지게 장식되어 있습니다. 부모님들의 칭찬도 곁들여진 소개영상들을 보면 살짝 기대감이 생기게 됩니다. 제가 봐도 잘 만들어 놓은 것들이 꽤 있습니다. 그런데도 왜 우리 자녀에게는 이렇다 할 효과가 나타나지 않는 걸까요? 각 프로그램과 커리큘럼을 소개한 내용을 보면 만병통치가 될 것 같은데 실제로는 왜 배 아플 때 군대에서 발라 주는 빨간 약 수준에 머무르는 경우가 많을까요?

우선은 그 모든 프로그램들이 결국에는 내신과 수능에 수렴하도록 설계되어 있기 때문일 것입니다. 기승전, 내신수능인거죠. 그 어떤 언어적 발달도 이 목표에 도움이 되지 않는다면 무의미한 것이 되는 우리의 입시 현실을 벗어나지 못하는 것입니다.

또 하나 간과할 수 없는 묵직한 이유는 바로 우리의 가정환경 때문입니다. 제가 여기서 강조하는 가정환경은 단편적인 가정

경제의 빈부를 말하는 것이 아닙니다. 그보다는 한마디로 정의하기 어려운 각 가정마다의 실제 교육환경을 말하는 것입니다. 바로 이 이유 때문에 제가 이 책의 첫 장과 이후 여러 부분에서 저희 가정의 분위기를 나름 자세하게 언급하는 것입니다. 이러한 저희 가정의 분위기와 부모와 자녀의 관계에서 적용된 여러 가지 교육적 방법론과 영어교육의 방식은 그저 한 가지 모범 사례 정도가 될 뿐입니다. 여러분의 가정에서는 여러분 가족의 특성과 가정의 분위기에 가장 적절한 방식과 방법을 찾으셔야 합니다. 저희는 저희 가정 나름의 ESL 환경을 조성하여 두 자녀가 영어교육을 비롯한 교육 전반에 걸쳐 어떤 압박이나 스트레스 없이 자신이 원하는 것을 스스로 찾아 주도적으로 하고 있습니다. 여러분도 아시겠지만 어떤 결과가 나왔을 때, 다음 번에도 같은 결과를 얻기 위해서는 통제되어야 할 변수들이 너무 많습니다. 단 몇 가지 변수만 달라져도 그 결과는 완전히 달라지게 됩니다. 우리가 '이론'이라고 알고 있는 많은 것들도 사실은 통제된 변수 내에서의 관계의 방향성을 증명하는 것들입니다. 즉, 어떤 상황에서는 우리 가정상황에 효과적이기도 하고, 때로는 별로 효과가 없기도 하다는 것입니다.

제 자녀들의 영어 실력의 비결이 뭐냐고 물으신다면 제가 어떤 대답을 드려야 정말 도움이 될까요? 영어로 된 것들을 재미있게 많이 보고 듣게 한 것이 분명 도움이 되었습니다. 그렇다면 어떻게 우리 아이들에게 그런 것들이 재미있어졌을까요? 그럼 같은 컨텐츠를 접하는 다른 학생들도 같은 결과를 나타낼까요? 그럴 수도, 그렇지 않을 수도 있을 겁니다. 너무 많은 변수들이 각 가정에 존재하기에 이렇게 하면 다 된다는 말들은 공허한 구호가 되어 버리는 경우가 너무 많습니다.

아주 오래전 큰 반향을 일으켰던 TV 프로그램 〈우리 아이가 달라졌어요〉를 기억하시나요? 와, 정말 그 당시 오은영 박사님의 활약을 보면서 입이 떡 벌어졌던 제 모습이 생생합니다. 잘못된 생활 습관을 가진 아이들의 문제를 해결해 주는 오 박사님이 마치 신처럼 느껴지기도 했던 놀라운 시간들이었습니다. 하지만, 제게 더 크게 다가온 교훈은 바로 이것입니다. '아이는 잘못이 없다'입니다. 여러분도 동의하실 겁니다. 그러한 잘못들이 프로그램 속의 부모가 아니라 우리 자신에게 투영될 때 밀려오는 그 상처와 당황스러움은 우릴 많이 힘들게 하며 주눅 들게 하기도 했을 것입니다. 내 자녀들에게서 혹여나 문제행동을 하는 TV 속 아이와 비슷한 모습이 보이면 더 몰입하게 됩니다. 오 박사님의 지침을 기억하며 아이와 함께 개선해 가려는 노력을 하는 분들도 많이 봤습니다.

 저는 우리의 영어교육도 마찬가지라고 생각합니다. 분명 부모는 자녀들이 영어를 잘 배우기를 바라고, 그렇게 할 수 있도록 최선을 다해 돕고 싶어 합니다. 그러나, 시중의 수많은 소위 '최신'의 '효과적'인 방법들이 있는 그대로 우리 학생들에게 적용되지는 않습니다. 〈우리 아이가 달라졌어요〉급의 효과를 정말 보기 원한다면, 우리 가정을 잘 살펴보아 어떻게 훌륭한 언어교육의 원리를 적용할지 고민해 보며 꾸준히 실행에 옮겨야 합니다. 이렇게 하는 것이 복잡하고 귀찮고 부담스러우니 학원이나 과외나 온라인 프로그램에 그냥 맡기는 것으로 물러서지 않으시면 좋겠습니다. 그러면 별반 차이 없는 결과가 다시 돌아옵니다. 요즘은 한 종편 채널의 〈금쪽 같은 내 새끼〉라는 제목의 프로그램에서 오은영 박사님이 비슷한 활약을 펼치고 계신 것을 보았습니다. 여전히 대단한 능력자임을 확인하며 존경의 마음이 절로 우러납니다. 저도 영어교육에 관한 제 능력과 경험의 범위에서 그렇게 하고 싶고, 얼마만큼은 할 수 있겠다 싶어 이 책을 쓰고 있습니다.

4. 서당개 3년이면

'서당개 3년이면 풍월을 읊는다'라는 옛말이 있습니다. 재미있기도 하지만 영어교육에 빗대면 매우 적절한 비유이기도 합니다. 사람과 개는 분명 다르지만 언어습득에 필요한 오랜 시간의 노출 및 듣기의 효과와 중요성을 기억하기에 좋습니다. 그런 의미에서 여러분의 자녀들도 '3년' 동안 충분한 영어듣기와 노출을 통해서 맑은 바람과 밝은 달의 정취를 즐기는 '풍월'을 읊기 시작하여, 이내 일취월장(日就月將)의 놀라운 기적을 보게 될 것입니다.

저희는 부모로서 영어든 어떤 다른 학습이든 전혀, 절대 푸시하지 않는 동시에, 아이들이 신나게 놀며, 책을 가까이하면 좋겠다는 바람으로 키우고 있습니다. 이런 환경에서 제 자녀들은 꾸준한 영어 노출을 통해 '서당개'처럼 자연스럽게 '풍월'을 읊기 시작하더니, 이후 급속도로 성장하여 지금은 그냥 영어 원어민들이 되었습니다. 속담 속 '서당개'는 그냥 서당의 악동들의 천자문 소리를 흘려서 '듣기'만 했겠지만, 우리 아이들은 더 재미있고 흥미로운 영어 컨텐츠들을 스스로 골라 놀이처럼 즐겼습니다. 물론 이 과정은 자유로운 가족 내 분위기에서 저희 부부의 도움 및 조언이라는 환경 내에서 이루어졌습니다. 여기서 도움이라고 하여 대단한 것을 해 준 것은 아닙니다. 그저 진심으로 들어 주고, 적극적으로 반응해 주며, 무엇을 하든지 평가하지 않고 격려해 준 정도입니다.

서당개 3년, 조이(골든 리트리버)와 럭키(웰시코기)

언어습득 과정 중 '침묵의 기간(Silent Period)'이라는 개념이 있습니다. 즉, 컵에 완전히 물이 찰 때까지는 넘치지 않는 것처럼, 충분한 인풋(Input)이 쌓일 때까지는 시간이 필요하다는 것

현빈이와 예빈이는 어떻게 영어 원어민이 되었을까?

입니다. 우리나라의 부모들이 영어교육에 있어 가장 못하고 있는 덕목 중의 하나라고 생각합니다. 언어습득의 올바른 원리에 따라 각 가정에 적합한 방식으로 꾸준히 지속적으로 해 나가야 합니다. 이와 같은 방법이 가족문화의 일부가 되어 생활하는 가운데 한두 달이 아니라 그보다 훨씬 긴 시간을 기다려 주어야 합니다. 맛있는 밥을 지으려면 쌀을 잘 씻어서, 적당한 물의 양을 맞추고, 압력밥솥의 뚜껑을 잘 닫고, 조리방식을 잘 설정해야 합니다. 시간이 지나 뜨거운 김이 칙칙 소리를 내며 빠지기 시작하고, 완전히 쫙 빠진 뒤에도 적당 시간 뜸까지 다 든 후에 압력밥솥에서 '취사가 완료되었습니다'라는 알림메시지가 나옵니다. 그제서야 윤기가 좔좔 흐르는 탱탱하고 쫄깃한 갓 지은 밥이 완성됩니다. 중간중간 자꾸 제대로 익었는지, 잘되고 있는지 등을 테스트하고 확인한다고 열어 보고 하면 밥이 설익게 되거나 기대했던 밥맛이 나지 않아 먹기 싫어집니다. 우리 자녀들의 영어교육도 마찬가지입니다. 계속 보채고 확인하고 테스트하고 밀어붙이면 자녀들의 영어는 설익게 되거나 바닥이 새까맣게 타 버립니다. 일단 영어교육의 올바른 원리에 따라 여러분의 가정환경과 형편에 가장 적절한 방법으로 적용하고 어느 정도 궤도에 올랐다면 초조해하지 말고 기다려야 합니다. 자꾸 못 미더워 확인하고 채근하면 백전필패하게 됩니다.

영어습득에서 독이 되는 부모와 교사의 행동 중 다른 하나는 학생들이 제대로 알고 있고, 외웠는지 테스트하는 것입니다. 확인하고 테스트하는 부분에서 중요한 것은 그 목적에 있습니다. 학습한 부분을 얼마나 아는지 평가하여 점수를 주기 위함이 아니라, 학습한 부분에 대한 연습의 기회를 제공하여 취약한 부분을 강화하고 스스로 교정할 수 있는 기회를 주는 목적으로 수행되어야 합니다. 그리고, 사실 문법이나 어휘 혹은 독해라는 영어시험을 목전에 두고 대비하는 것이 아니라면 테스트 자체가 매우 불합리하며 언어학습자에게 해악이 되는 경우가 훨씬 많습니다. 그나마 영어교육상 좋다는 '듣기'를 시켜 놓고 특히 얼마나 잘 이해했는지 물어보고 확인하는 것도 자녀들이 영어를 멀리하게 되는 직접적인 원인 중 하나입니다. 왜냐고요? 아이들 입장에서 보면, 자기가 더 많은 것을 보고 들을수록 모르는 것들을 확인받거나, 지적받을 상황이 더 많아질 것을 뻔히 알기 때문입니다. 이렇게 되면 영어에 관련된 활동을 자의로 할 이유가 없어지는 것입니다. 대한민국의 많은 가정에서 이보다 훨씬 더한 상황이 늘 반복되는 것을 잘 알고 있습니다. 학생들이 말하기를 연습하거나 새로운 표현을 배울라치면 얼마 지나지 않아 정말 잘하는지 해 보라고 하면서 다그치는 부모님들이 허다합니다. 우리 학생들 정말 고생 많죠?

서당개 3년이라도 위와 같은 상황이라면 풍월을 읊는 대신 거품을 물고 꼬리 내린 채 훈장님을 피해 다니거나, 용기를 내어 아예 가출해 버릴지도 모릅니다. 이것이 바로 제가 이 책을 통해 부모님들께 말씀드리고 싶은 것들 중 하나입니다. 사실, 서당개는 3년을 배우든 4년을 배우든 훈장님이 별 신경도 안 쓰고, 중요한 존재도 아닙니다. 이와는 다르게, 우리 자녀들은 태어나면서부터 우리 부모의 삶의 중심이 되는 가장 소중한 존재가 됩니다. 이들은 3년 정도가 아니라 훨씬 더 긴 세월을 영어라는 언어는 물론이고 다른 많은 분야의 지혜와 지식들도 배우고 익혀 성장해야 합니다. 그들이 미래의 주역이기에 우리는 할 수 있는 한 가장 좋은 원리에 따라 키워 내고 싶은 마음은 모두 같을 것입니다.

5. 영어가 기적처럼 찾아오다

제가 지금까지 여러분들께 영어교육에 대한 시중의 시각과 그에 따른 방식과는 완전히 다른 것들을 말씀드렸습니다. 많은 분들이 이런 저의 주장과 견해, 의견과 제언들이 정말로 실현 가능한 것인지에 대해 의구심을 가지셨을 수도 있습니다. 실제로 수년에 걸친 임상실험(?)을 통해 증명할 수 있는지 궁금하실 것입니다. 그럴듯한 말로 영어교육 때문에 고생하시는 여러분들을 현혹하여 사리를 취하는 것 아니냐는 의심의 눈초리로 보실 수도 있을 것입니다.

제 자녀들이 증거입니다. 하나가 아니라 첫째 아들과 둘째 딸 모두가 그렇습니다. 저희 가정은 매우 평범한 소시민적 생활을 하는 집입니다. 우연히 한 아이가 극적인 성장을 보인 것이 아닙니다. 제가 한국과 미국에서 공부한 언어습득 이론과 영어교육의 원리를 그대로 적용하였습니다. 그렇다고 별 특별한 것을 했다는 것이 아닙니다. 그보다는 대부분의 한국 학부모님들이 하시는 것들을 하지 않았다는 표현이 더 적절합니다. 영어교육에 지대한 영향을 미치는 가정의 문화와 환경을 형성하는 데 주도적 역할을 하는 부모로서 해야 할 바람직한 것들과 그렇지 못한 것을 구분하였습니다. 그리고 최대한 실천에 옮겨 왔습니다.

제 딸이 8살이었던 어느 여름날이었습니다. 당시 아이는 한국적인 영어 실력에 대한 평가의 기준으로는 알파벳을 전혀 읽고 쓸 줄도 모르는, 즉 레벨 자체가 없는 상태였습니다. 이런 아이가 갑자기 화장실에서 볼일을 보다가 제게 도움을 구하여 그리로 갔습니다. 사실 제가 자주 도우미로 호출되어 뒤처리를 해 주었기에 그날도 별 생각 없이 갔습니다. 아이가 절 보고 문을 닫아 달라고 했습니다. 늘 열어 놓고 일 보던 친구가 그러길래 왜 그러냐고 되물었습니다. 그때 제 딸이 이렇게 말했습니다. "I don't want anyone to see me pupping(아무도 제가 응아하는 것을 안 보면 좋겠어요)." 그 말의 속도도 원어민의 그것처럼 매우 빨랐습니다. 저는 잘못 들었나 싶어 뭐라고 했는지 되물었습니다. 잠시 머쓱해하더니 다시 했던 말을 반복해서 하는 것이었습니다. 저도 놀랐습니다. 아이가 했던 그 영어의 문장이 결코 쉽고 간단한 것이 아니었기 때문이었습니다. 그리고 이전까지 이렇게 긴 문장을 막힘없이 구사하지는 않던 상황이었기 때문이었습니다. 이것은 어릴 적 말 배우는 것이 늦었던 제가 느지막이, 그러나 나름 긴 문장을 처음부터 술술 했다는 저의 부모님이 전해 주신 일화와 오버랩되기도 합니다. 단지 저는 우리말을, 제 딸은 영어를 그렇게 한 것이 다른 점입니다.

우리나라의 영어교육의 현실에서 8살짜리, 영어 알파벳은 말할 것도 없이 한글도 더듬더듬거리며, 제대로 읽지도 못하는 아이가 이런 영어문장을 시의적절하게 구사하려면 다음과 같은 사항들을 잘 외운 후, 언제 사용해야 하는지도 수없이 연습해 두어야 가능합니다. 첫째, 일반동사의 부정문 축약의 형태를 알고 있어야 합니다. 둘째, 주어의 수와 일반동사의 수를 맞추는 것을 알아야 합니다. 셋째, to+동사원형의 형태가 to부정사라고 불리며 명사적/형용사적/부사적 용법이 있고, 이 문장에서는 목적격 보어로 쓰이는 명사적 용법임을 알아야 합니다. 넷째, 영어문장은 주어, 동사, 목적어, 보어 등으로 구성되며, 어순은 주어→동사가 되어야 한다는 것을 알아야 합니다. 다섯째, 영어문장의 다섯 가지 형식 중 가장 마지막의 5번째 형식 어떻게 구성되며, 어떻게 사용되는지 알아야 합니다. 여섯째, 그 5번째 형식 중 want라는 불완전 타동사가 to부정사를 목적격 보어로 취하는 것을 알아야 합니다. 일곱째, see라는 동사가 5형식 지각동사 중 하나로서 목적격 보어 자리에 동사원형, 현재분사(~ing) 혹은 과거분사(-ed)를 취할 수 있음을 알고, 그중 현재분사를 취하는 것이 자신의 상황과 의도를 가장 잘 전달함을 알아야 합니다. 여덟째, not과 any가 함께 쓰여 '아무도 ~하지 않다'라는 의미가 됨을 알아야 합니다. 아홉째, 위 문장의 모든 단어를 다 외우고 있어야 합니다. 마지막으로, 위의 모든 복잡한 내용과 적용되는 상황을 실생활에서 시의적절하게 거침없이 말할 수 있어야 합니다.

제 설명이 구구절절 너무 장황해서 지루하셨죠? 우리 자녀들이 위와 같이 영어를 배웁니다. 그게 문법입니다. 중고등학교에서 치르는 지필고사에서는 이러한 10가지 문법사항을 교묘히 변경하여 학생들의 실수를 유도하는 것이 특기이고, 그것이 그 문제의 변별력이 됩니다.

제 딸이 위에서 설명한 것 중 단 한 가지라도 배워서, 외워서, 시험 봐서 완벽하게 원어민처럼 구사했을까요? 한국 학생들이 위 문법사항들을 열심히 배우고 외우고 시험 봐서 다 맞으면 제대로 영어를 활용할 수 있는 준비가 될까요?

오른쪽 그림은 어느 서점에서나 흔히 구할 수 있는 영문법책의 목차입니다. 저자와 상관없이 거의 비슷하다고 생각하시면 됩니다. 여러분이 학창시절 보던 문법서들과 별 다르지 않죠? 문법이 차지하는 중요성이 더 커졌으며, 문법을 마스터(?)해야 하는 시기가 더 당겨졌다는 것이 달라진 점입니다. 정말 웃픈(?) 현실입니다.

목 차
Chapter 1 문장의 기초
Chapter 2 시제
Chapter 3 조동사
Chapter 4 수동태
Chapter 5 명사와 관사
Chapter 6 대명사
Chapter 7 부정사
Chapter 8 동명사
Chapter 9 분사
Chapter 10 형용사
Chapter 11 부사
Chapter 12 가정법
Chapter 13 비교구문
Chapter 14 관계사
Chapter 15 접속사
Chapter 16 전치사
Chapter 17 일치와 화법
Chapter 18 특수구문&속담

시중 영문법서의 일반적인 목차

혹시 저희 집 화장실에서 제 딸의 말을 어떤 분이 들으셨다면, '와, 이건 기적이다!' 하셨을 겁니다. 식물과 계절에 대해 전혀 모르는 어떤 사람이, 추운 겨울에 바싹 마른 나뭇가지를 본 후, 가을이 되어 돌아와 그 가지에 주렁주렁 탐스러운 열매가 맺는 것을 보거나, 땅 속에 심겨진 씨앗을 모르고 있다가 봄이 되어 파릇파릇 솟아오르는 새싹들을 보거나 하면 누군가는 기적이라고 할지도 모르겠습니다. 하지만, 자연의 이치를 익히 알고 있는 우리는 이러한 현상이 지극히 당연하고 자연스러운 것으로 여깁니다. 제가 제 딸의 그 영어문장을 듣고 놀랐던 진짜 이유는 제 딸의 영어 성장의 속도와 크기가 제가 공부했던 이론보다도 더 현실적이며, 더 자연스러웠기 때문입니다. 이날 이후 제 딸은 문법적으로 복잡하고 긴 문장들도 거리낌 없이 실생활에서 사용하기 시작했습니다.

뭘 어떻게 했냐고요? 역설적으로, 저는 제 딸의 영어교육을 위해 거의 한 것이 없습니다. 그것이 열쇠입니다!

6. 영어 '과목'은 없다

여러분은 중고등학교에서 배웠던 학과목명이 다 기억나시나요? 국어, 영어, 수학, 과학, 사회 및 기타 등등. 한 10과목은 넘었던 것 같은데, 저에게 제대로 과목명을 다 대라고 하면 고개를 갸우뚱하며 한참 헤맬 것 같습니다.

'영어'라는 과목이 일본어, 프랑스어, 중국어, 독일어 등과 같이 '제2외국어' 중의 하나로 분류되어, 그 정도로만 주목받는다면, 차라리 지금보다 훨씬 더 나은 영어 실력을 갖출 수 있을 것이라는 상상을 해 봅니다. 제2외국어라 하더라도 실제로 현실 세계에서 필요하면 알아서 더 노력하여 적절한 실력을 갖추는 경우가 우리 사회에서 일반적이기 때문입니다. 초중고 12년 동안 '영어'라는 과목에 들이는 시간과 노력, 금액 등과 실제로 고등학교를 졸업하며 가지고 나가는 결과물을 비교하면 참으로 초라하기 짝이 없습니다.

12년간의 초중고의 커리큘럼에서 엄청난 무게감을 갖고 있는 교과목으로서의 영어는 진짜 영어교육을 더 어렵게 만들고 있습니다. 반대로, 우리 부모들이 그 무게감을 다 날려 버리고 언어로서의 영어에 대한 눈을 가지고 영어교육을 시작한다면 우리 학생들의 영어 실력은 전반적으로 엄청난 향상을 가져올 것임을 확신합니다. 앞서 예를 든 제 딸이 중학교에 가면 학교 영어를 못하게 될까요? 고등학교에 갈 때쯤이면 내신영어나 수능영어 정도는 너무 쉽게 풀어내지 않을까요? 학교와 학원에서 목을 매는 입시영어는 쉬어 가는 과목으로 여기지 않을까요? 앞으로 한국인이지만 영어 원어민의 실력을 갖게 됨으로써 얻을 수 있는 엄청난 혜택을 누리게 되지 않을까요? 물론 하버드대 교수님도 어리둥절해하는 말도 안 되는 수능영어문항들은 어찌할 수 없겠지만 말입니다!

　제가 계속해서 강조하는 언어로서의 영어를 교육해야 한다고 하는 것이 결코 시험영어에 약해지는 것이 아님을 기억해 주시기 바랍니다. 주(主)와 객(客)이 전도(傳導)되지 않는 한, 주가 되는 영어는 객의 영어를 아우르며 우리 자녀들을 세계 속의 주인으로 이끌어 줄 것입니다.

7. 현재 진행형

　무슨 일이든지 억지로 하면 능률도 오르지 않고 재미도 없어서 오래가기 힘듭니다. 억지로 하게 하는 그 힘이 사라지면 바로 그 일을 멈추게 됩니다. 그러다 보니, 우리는 '동기부여가 중요하다'라는 말을 자주 듣고 또 사용합니다. 적절히 동기부여가 되면 그 일이 좀 어렵고, 힘들고, 오래 걸리더라도 해내려는 힘과 끈기가 생깁니다. 이런 과정에서 시간이 지나면 그 일 자체에서 재미도 생기고 능률도 오르는 경험을 하게 되어, 드디어는 그 일이 좋아서 하게 되는 선순환 과정에 접어들게 됩니다.

하지만 가끔씩은 그 일이 매우 중요하고 인생에서 큰 혜택을 주는 것이 분명한데도, 현재 잘 이해하지 못하거나, 그냥 귀찮아서 대충대충 하거나, 아예 등한시하기도 합니다. 아직 세상물정(?)을 잘 모르는 대부분의 우리 자녀들의 학교공부에 대한 태도가 이런 경우가 많습니다.

영어교육에 있어서도 위의 내용들이 그대로 적용됩니다. 많은 학생들은 어릴 때부터 영어라는 것에 흥미를 느끼지 못하지만, 부모님의 성화에 못 이겨 어떻게든 배우기 시작합니다. 부모님이 억지로 확인해 주어야 겨우 주어진 분량을 해냅니다. 그런 압박이 없어지면 다른 더 재미난 것을 찾아 헤맵니다. 이게 반복되면서 학생들의 머리와 가슴에 영어는 자신을 괴롭히는 존재가 되어 버립니다. 이런 상황에서 이들에게 효과적인 동기부여를 한다는 것은 여간 힘든 것이 아닙니다. 말이 동기부여이지 현실은 임시방편적인 처방일 뿐입니다. 가르치려는 사람들은 동기부여를 '시켜 주려'고 애쓰지만, 배워야 할 사람들은 그 동기부여가 잘 '되지' 않고, 영어가 여전히 지루하고 답답한 일 거리로 남게 됩니다. 이렇게 되면, 마지막 동기부여 수단만 남 게 됩니다. "힘들고 하기 싫은 거 잘 알지만, 어차피 해야 하는 것이니 집중해서 후딱 해치우고 하고 싶은 것(대부분은 게임) 하자!" 사실, 이런 동기부여는 동기부여라기보다는 그 순간만을 모면하는 사탕발림입니다.

현빈이가 보는 책들

현빈이와 예빈이는 어떻게 영어 원어민이 되었을까?

우리 집 두 아이들에게는 애초부터 영어에 대한 동기를 '부여' 하지 않았습니다. 스스로의 재미와 흥미를 찾고자 하는 동기를 내재적으로 만들어 내도록 이끌었습니다. 맛있는 재료들을 펼쳐 놓고 자기 입맛에 맞는 것을 골라 마음대로 섞어 먹도록 했습니다. 너무 많이 먹으면 체할 수 있으니 그 양을 조절하는 것이 저희의 역할이라면 역할입니다. 그렇게 영어를 대하여 이만큼 성장해 왔고, 저희는 영어관련 활동을 너무 많이 하지 않도록 가끔 눈치를 주는 일만 합니다. 큰 아들은 이제 스스로 자기가 학교에서 배운 내용을 영어로 정리하여 자기 유튜브 페이지에 영상을 올리는 생산자(?)의 길에 접어들었습니다. 저희 두 자녀의 영어나무의 푸른 생장은 언제나 현재 진행형입니다.

8. 영어 덕분에 행복합니다

저는 인간이 존재하는 것은 기쁨을 얻기 위함이라고 믿습니다. 어디서 누구와 무엇을 하든 행복을 추구하는 것은 인간의 본성 중 하나입니다. 땀 흘려 열심히 노력하는데도 즐겁지도 않고 신나지도 않고 기쁘지도 않을 때의 괴로움과 좌절감은 이루 말할 수 없습니다. 반대로, 즐겁고 신나서 기쁘게 매일을 살아갈 때 얻게 되는 희열은 그 무엇과도 바꿀 수 없는 큰 가치를 지닙니다.

　대한민국의 모든 가정은 영어를 배우고 있다고 말해도 괜찮을 만큼 이 나라에서 영어의 입지는 대단합니다. 국가 시책으로 정한 것도 아닌데 너 나 할 것 없이 최선을 다하는 것이 정말 대단하다고 생각합니다. 동시에, 이 나라 도처에서 그 영어 때문에 수많은 백성들이 고초를 겪고 있는 것을 보고 있자니 마음이 아픕니다. 학생들은 학생들 나름의 고초를 겪습니다. 해도 안 늘고, 할수록 재미없고, 가도가도 끝이 안 보이고. 부모님들은 등골이 휘도록 영어교육에 투자를 해도 만족할 만한 결과는 안 나타나고, 주변 아는 댁의 자녀는 엄청 잘한다는 소식이 들려옵니다. 무슨 블랙홀처럼 모든 것을 빨아들이는 영어의 흡입력은 가공할 만합니다.

　여기서는 여기를 보라 하고, 저기서는 저기를 보라 합니다. 모두들 불나방처럼 사방의 번쩍이는 불빛들을 쫓아 끝 모를 마라톤을 사력을 다해 뜁니다. 안 그래도 힘든 여정인데 손잡고 뛰는 부모와 자녀가 서로 다투기까지 합니다. 이 마라톤으로 하여 가족이 단합하면 참 좋을 텐데, 실상은 그 바람과는 정반대가 됩니다.

이 와중에 별 하는 것도 없어 보이는 저희 부부는 행복합니다. 그저 자녀들이 원하는 것을 영어라는 도구를 가지고 하는 것을 보며 흐뭇해하고, 뭔가 새로운 것을 만들어 내거나 도전하면 칭찬해 줍니다. 매주 주말이면 함께 둘러 앉아 영어로 혹은 우리말로 가족의 현황을 나누고, 필요사항을 알아보며, 개선점을 토의합니다. 한 주간 스스로 배우고 깨달은 중요한 삶의 원리를 나누는 시간을 가집니다. 아이들은 수시로 언어를 변경하며 자신의 생각과 의견을 전달합니다. 저희는 머리를 맞대고 좋은 것에서 더 좋은 방법을, 더 좋은 것에서 가장 좋은 것을 함께 찾아 냅니다. 둘째가 아직 어리지만 자신이 읽은 부분에서 배운 내용을 영어로 나누는 모습을 보면 절로 아빠 미소가 나옵니다. 모든 딸이 그 부모, 특히 아버지에게 예쁘고 사랑스러운 것처럼 제 딸을 통해 저도 그러한 행복감을 누리고 있습니다. 매일 감사히 지내고 있습니다.

저희 집은 아이들이 자기 사는 이야기를 하는 것을 좋아합니다. 저희는 최대한 잘 들어 주려 노력합니다. 첫째는 저희를 배려해서 주로 한국말로, 둘째는 전혀 배려 없이(?) 주로 영어로 말합니다. 그것도 너무 빨리 말해서 가끔은 천천히 말해 달라고 부탁하기도 합니다. 부산의 한 외고의 영어과 3년 장학생이었던 제 아내가 제일 힘들어(?)합니다. 아이들은 자신이 재미있어 하고 좋아하는 걸 스스로 알아서 하면서 즐겁고, 저희는 그저 무엇을 하든지 바라봐 주고, 경청하면서 즐거워합니다. 영어를 통해 자신이 원하는 바를 하는 것이 성인인 부모와 공유할 수 있는 것이 많아지게 해 주니 스스로 성장하는 즐거움을 맛보는 듯합니다. 저희가 보기에도 아이들의 자존감이 날로 커지고 있는 것을 느끼게 됩니다.

저희 가족 구성원들은 행복합니다. 영어를 통해 함께 공유하며 즐길 거리가 많아지고, 서로에 대한 이해의 폭이 깊어지며, 칭찬할 일이 많아집니다. 그렇게 우리 가족은 행복하게 지내고 있습니다. 우리는 영어 덕분에 행복합니다.

part

05

현빈이와 예빈이는
이렇게 했다!

현빈이와 예빈이는
어떻게 영어 원어민이
되었을까?

1. 우리 집은 신나는 베이스캠프

굿모닝! 굿모닝! 굿모닝! 매일 아침이 즐겁습니다. 물론 어떤 날 아침은 지난 밤 가족끼리 수다 떨다 늦게 잠자리에 들어 다음 날 아침이 피곤할 때도 있지만, 곧 활기찬 분위기로 바뀝니다. 씻고, 아침 먹고, 가방 챙겨서 각자 학교로, 일터로 나갑니다. 출발하기 전 함께 주어진 하루를 감사하고, 그날의 안녕을 기원하는 가족기도를 합니다. 그리고 나면 모두 오른손을 쭉 펴고 손끝을 한데 모은 다음 함께 말아 쥐면서 무언의 파이팅을 외친 후, 서로 어깨동무를 하면서 '사랑합니다~'라는 구호를 외칩니다. 그리고 현관으로 갑니다.

각자 나이와 성별이 다르고 하는 일도 다르지만 저희에게는 동지애가 있습니다. 우리 가정은 각자가 속한 사회에서 열심히 애쓰고 성장한 뒤 다시 모여 피로를 풀며 재충전하는 베이스 캠프입니다. 각자 속한 사회에서 경험하는 역동적인 생활 자체에서 성장과 발전의 즐거움과 보람을 얻습니다. 가정으로 돌아와서도 각자의 하루치 경험을 나누며 재정비하는 편안함을 누립니다. 아이들에게 매일 물어도 매일 재미있고 좋았답니다. 그 '좋다'라는 정도가 꼭 같지는 않을지언정, 99.9%는 긍정의 경험을 쌓고 돌아오는 것 같아 감사합니다.

아이들이 부모의 직업에서 경험하는 것들에 대해 궁금해하면 스스럼 없이 말해 줍니다. 그래서 저희 아이들은 부모가 대충 어떻게 일하고 있으며, 어떤 고충과 애환, 혹은 보람이 있는지 알고 있습니다. 그러다 보니, 앞서 언급한 동지애적 사랑과 관심도 서로에게 있습니다. 아이들은 부모가 최선을 다하지만 완전한 존재가 아니라는 것을 알기에 부모가 자신들을 돕는 것처럼 자기들도 부모를 돕고 싶어 합니다. 그들은 무엇을 하든지 최선을 다하는 것이 얼마나 중요하고 가치 있는 일인지도 이해합니다.

저희 집은 뭘 하든 일단 즐겁게 하려 합니다. 집이 비좁기에 가끔, 아니 조금은 자주 배치를 바꾸고 정리하고 청소해야 합니다. 거기에 매일(?) 털갈이하는 것 같은 두 마리의 털북숭이 강아지들이 있어 청소에 대한 소요가 엄청납니다. 아이들 방은 매우 작아서 자로 잰 듯 빡빡하게 책상과 책장, 수납식 침대가 배치되어 있습니다. 조금만 어긋나도 문이나 서랍에 걸리게 됩니다. 집 전체를 정돈하고 청소하는 일이나 자신들의 방을 깨끗이 하는 일이 어느 누구만 해야 하는 한정된 것이 아닙니다. 한 사람이 정리정돈의 거사(?)에 나서면 모두가 함께 도울 방식을 찾습니다. 집 전체를 정리해서 버릴 것 버리고, 재활용할 것 분리하고, 보다 효율적으로 각자의 공간을 사용하려 배치를 바꿉니다. 다같이 생활하는 공간인 거실은 다 함께 의견을 나누며 재배치하고, 다 끝나면 함께 개운한 성취감을 나눕니다. 우리는 보는 눈도 다르고, 할 수 있는 일의 범위도 다르며, 성장해야 할 부분도 다 다르지만 그렇게 모두 동반자적 관계에서 손에 손잡고 함께 걸어갑니다. 그러다 보면, 웃통 벗고 땀 뻘뻘 흘려야 하는 일도, 아이들의 방 구조를 조정하는 일도 모두의 프로젝트가 되어 함께 그 보람도 나누는 즐거운 가족활동이 됩니다.

저희 가족에게는 어디를 여행가는 것도 노는 것이고, 함께 집에서 식사를 하는 것도 노는 것이며, 머리 맞대고 보드게임을 하는 것도 노는 것입니다. 마찬가지로, 독서도 노는 것이고, 공부하는 것도 노는 것이고, 가족 간의 시시콜콜 수다와 농담과 왕년의 일대기(?)를 나누는 것도 즐거운 놀이가 됩니다. 그런 면에서 우리 집은 놀자판입니다.

위의 모든 상황에서 영어는 제2외국어로써 활용됩니다. 모국어와 제2외국어가 각자 자신의 역할을 다하는 ESL(English as a

Second Language) 환경이 완벽히 조성됩니다. 이런 환경에서 두 자녀들은 열심히 놀며 배우고 성장합니다.

2. 자기주도의 힘

이런 환경에서의 영어교육은 정말 쉽습니다. 뭘 하든 놀이가 되는 분위기이니, 잘 만들어진 영어 컨텐츠들은 언제나 흥미로운 놀잇감이 됩니다. 큰 아들로부터 시작된 이 놀이들을 여동생은 어깨너머로 보며 부러워하다가, 드디어 자신만의 계정이 생기게 된 후로는 더 신나게 놀면서 배우기 시작하였습니다. 알아듣고 웃는 건지, 그냥 그림만 보고 있는 건지 가끔은 궁금하기도 했지만, 분명한 것은 아이들이 즐거워하며 놀기에 상관없었습니다. 예상대로 아이들은 자신들이 보았던 컨텐츠들의 내용과 교훈 등을 누구의 도움도 없이 스스로 깨우치기 시작했습니다. 뭐가 그렇게 재밌는지를 슬쩍 물어보면 신나서 줄거리를 이야기하였습니다. 저도 모르는 여러 줄거리와 인물의 특징들을 어떻게 알았는지 일상대화에서 자기의 의견을 전할 때 인용하기 시작했습니다.

첫째의 경우는 영어로 된 컨텐츠들을 선택할 때, 아이의 영어

발달 상태를 고려하여 선택의 범위를 권유한 경우가 있었습니다. 영어교육전문가의 식견으로 아들의 영어 수준에 적절한 컨텐츠들을 정하여 주는 것이 도움이 되길 바랐습니다. 하지만, 그러한 저의 염려나 노력은 앞서 말씀드린 '자연스럽지' 못한 것이었습니다. 이내 저희는 그것이 별 도움이 되지 않는다는 것을 깨달았고, 전적으로 아들의 선택에 모든 것을 맡겼습니다. 알아서 재미있고 즐거운 이야기들을 찾아가도록 했습니다. 그 영어 컨텐츠에 사용되는 영어의 수준이 높고 낮음으로 아이의 선택의 기준을 정하는 대신 자신의 흥미와 끌림에 따라 정하여 보고 즐기도록 놔두었습니다. 그러다 보니, 영어는 자신의 재미를 위해 사용되는 도구가 되었고, 더 신나는 경험을 위해 알아서 필요한 만큼의 영어 실력을 시나브로 쌓게 되었습니다.

시간이 흐르면서, 둘째도 혀 짧은 우리말의 유아발음이 조금씩 줄어들었습니다. 그 즈음부터 이 아이도 오빠가 재밌게 보면서 좋아하던 한참 높은(?) 수준의 컨텐츠들을 스스럼없이 보기 시작했습니다. 역시나 저희는 정말 알고 보는 건지 그냥 그림만 보고 웃는 건지 궁금하기도 했지만 그냥 두었습니다. 그렇게 둘째도 자신의 재미의 폭을 빠르게 넓혀 갔고, 조금씩 오빠와 공유하는 이야기들이 많아졌습니다. 엄청나게 다양한 동서양의 이야기들을 섭렵하기 시작했습니다. 얼마 지나지 않아서 오빠가 보았던 거의 모든 컨텐츠들을 다 보았고 새로 나오는 시리즈들을 기다리며 기대에 찬 날들을 보내고 있습니다.

저희들은 자녀들이 때가 되면 자연스럽게 영어로 말하게 될 것을 이론으로 알고 있었고, 그대로 믿었습니다. 몇 달 영어에 노출시키고 공부시키면 영어로 얼마간이라도 말하기를 기대하는 우리나라의 영어교육의 패러다임에는 전혀 관심이 없었습니다. 몇 달이 아니라 몇 년이 걸리더라도 항상 변함없는 '자연스러움'의 힘을 믿었습니다. 저희 가정의 영어교육의 목표와 기대치는 즉각적이고 가시적으로 지표화될 수 있는 영어 실력의 확인이나 문법적 독해기술의 완성이라는 극히 '부자연스러운' 이상향에 있지 않았습니다. 이런 것들은 '자연스런' 언어습득의 향상에 따라오는 부산물이고, 그래야 한다고 믿었습니다. 아이들은 자신의 선택으로 원하는 때에, 원하는 만큼, 원하는 표현을, 원하는 사람에게 영어를 사용하기 시작했습니다. 누구도 보채지 않고, 아무도 점수를 매기지 않으니 영어에 대한 자기효능감이 급속도로 향상되는 것은 당연한 일이었습니다. 영어가 자신을 더 풍요롭게 해 주며, 즐겁게 지내는 데 도움을 주는 긍정적인 생활의 도구임을 스스로 깨닫게 된 것입니다.

'아는 만큼 보인다' 라는 어느 미술사학 교수님의 표현이 있습니다. 이 말은 그분이 문화유산을 바라보는 태도에 관한 서술이었지만, 영어교육을 하는 모든 부모님들께도 적용됩니다. 나아가 그 교수님은 이렇게 정리하고 계십니다. '사랑하면 알게 되고 알게 되면 보이나니, 그때 보이는 것은 전과 같지 않으리라.' 여기에 제가 감히 몇 마디 첨언하는 것을 용서해 주시기 바랍니다. '자녀를 사랑하면 그들의 참 영어교육을 알게 되고 그것을 알게 되면 해야 할 바와 말아야 할 바가 보이나니, 그때 보이는 것은 전과 같지 않으리라.'

3. 흘러넘칠 때까지 기다리기

여러분의 소중한 자녀들이 이 세상에 오기를 얼마나 기다리셨나요? 임신과 출산 관련 도서에 따르면 임신에서 출산까지의 기간은 40주 정도가 된다고 합니다. 저희의 경우 생물학적으로 큰 아이는 40주, 작은 아이는 38주가 걸려 세상을 보았습니다. 하지만, 조금 더 생각해 보면, 우리는 자녀의 탄생을 위해 그보다 훨씬 더 오랜 기간을 계획하고 기다려 왔습니다. 저희의 경우도 이렇게 생각해 보면 유산의 아픔도 겪고, 몸 만들기도 하면서 긴 시간을 생물학적인 임신 기간 이전부터 기다려 왔습니다.

일단 임신하게 되면, 엄마는 엄마와 아기의 건강을 최고의 우선순위에 두고 먹고 마시고 쉬는 모든 것을 살펴보아 최선의 노력을 경주합니다. 심지어 듣고 보는 것도 아기의 건강과 미래를 위해 좋은 것으로 채웁니다. 이러한 노력은 출산 이후에도 계속되고, 그 정성은 더 커지게 됩니다.

이에 비해 자녀들의 영어교육에 있어 그 기다림과 그에 따른 조바심과 걱정은 매우 미미한 수준입니다. 부모가 가정의 분위기와 환경을 언어교육의 올바른 원리에 따르도록 하면 자녀들은 자연스럽게 타고난 지적 호기심의 충족을 위한 엄청난 집중력과 언어습득의 천재적인 능력으로 영어를 활용하게 됩니다. 가끔 부모로서 교육상 실수하거나, 부족하더라도 큰 그림에서 문제가 없는 한 자녀들의 영어는 올바로 성장하게 됩니다. 산모가 태아 건강에 큰 해를 입히는 약물 등을 취하거나 일시적인 외부의 충격으로도 태아의 상태가 위태로워져서 출산 이후의 삶까지 심각한 후유증을 야기하는 등의 위험성과는 거리가 멉니다. 부모는 그저 느긋하게 즐기며 기다리면 됩니다. 기다리면서 자녀와 더 가깝고 좋은 관계를 쌓으며 사랑을 나누며 함께 성장하면 됩니다. 시간이 흐르면 자녀들의 몸의 각 기관과 근육이 성장하듯, 영어라는 언어에 대한 근육이 자라고 있음이 분명

합니다. 적정한 때가 되면 기게 되고, 기다가 걷고, 걷다가 뛰게
될 것입니다.

대부분의 부모님들은 효과적이고도 올바른 영어교육의 방법
을 여러 정보를 통해 알게 되어 자신의 가정에 적용하려 노력합
니다. 그러다가도, 여러 가지 이유로 금세 그 끈을 놓고 답 없고
끝없는 왜곡된 영어공부의 수렁으로 빠져들어 갑니다. 부모는
부모대로 지쳐 녹초가 되고, 자녀는 자녀대로 상처받고 낙담하
게 됩니다. '이놈의 영어가 웬수'가 되어 안 그래도 복잡한 한국
입시의 전쟁터에서 부모나 자녀 모두 만신창이가 되기 일쑤입
니다.

이런 현상은 부모가 아기가 태어나기 전까지는 건강하게 나
오기만을 기대하며 기다리다가, 아이가 성장하면서 말귀를 알
아들으며 어느 정도 사람 구실(?)을 하게 되면, 그때부터는 더
큰 기대와 바람으로 아이를 압박하고 야단치는 모습과 비슷합
니다. 10개월간, 아니 그보다 훨씬 더 긴 세월을 잘 기다렸다가
도, 정작 아이가 건강히 태어나면, 얼마 지나지 않아서 부모의
욕심이 발동하게 됩니다. 이러한 과정에서 주변의 또래 아이들
과 비교하며 자녀를 잘못된 영어공부의 틀로 몰아넣으며 함께

수렁에 빠지게 됩니다.

　제2외국어의 그릇의 크기가 제 아들의 것과 딸의 것은 서로 다를 것입니다. 자신의 그릇에 충분한 양의 영어적 인풋(투입)이 가득 차는 데 걸리는 시간도 다를 것입니다. 하지만, 분명한 것은 꾸준히 영어라는 시원한 물을 원하는 때에 원하는 방식으로 채울 수 있게 해 준다면 그 그릇들은 채워질 것이고, 흘러넘칠 것입니다.

　느긋한 여유 속에서 영어를 스스로 접해 온 저희 두 아이들은 현재 흘러넘치다 못해 분수처럼 뿌리며 주변을 적시고 있습니다. 저희는 많은 영어교육기관에서 하고 있는 어떤 종류의 영어 훈련도 하지 않았습니다. 다만 자신의 선택을 통해 선별(!)된 컨텐츠를 자신의 그릇에 원하는 만큼 신나게 쏟아붓고 마시도록 해 주었습니다. 실컷 마시다가 주변의 부모가 눈에 들어와 나누어 주려는 시도를 하면 기쁘게 받아 주었습니다. 이러한 과정은 학습자라고 불리는 우리 자녀들도 즐겨 할 뿐만 아니라, 부모인 저희들도 뿌듯한 마음으로 아이들의 성장과 발전을 지켜볼 수 있게 해 주었습니다.

제 마음을 그룹 '봄여름가을겨울'의 신나는 가사로 전해 드립니다.

"봄이 오면 강산에 꽃이 피고, 여름이면 꽃들이 만발하네. 가을이면 강산에 단풍 들고, 겨울이면 아이들의 눈 장난. 아, 아름다운 아, 우리 강산."

4. 아버지의 과욕이 부른 실수

제 생각에 저는 타고난 자질은 별 볼 일 없다고 생각합니다. 무엇이든 남보다 더 많이 노력하지 않으면 절대로 남들만큼 할 수 없는 저를 잘 알고 있습니다. 역으로 말하면, 그래서 저는 나름대로 모든 일에 최선을 다하려고 노력했습니다. 물론 저만의 생각이긴 합니다.

아들이 태어나면서 저는 제 아들에게 최선을 다해 보고자 결심했습니다. 물려줄 재산도 없으니 제가 줄 수 있는 것이 무엇일까 생각해 보았습니다. 다행히 저는 영어에 대한 재능이 있다고 생각했고, 영어교육도 전공했으니 그걸로 아들에게 노력해 보겠다고 다짐했습니다. 그래서 저는 아이가 17개월이 되면서부터 어색함을 무릅쓰고 영어로 아들에게 말을 걸기 시작했습니다. 엄마는 우리말로, 아빠는 영어로. 뭔가 그럴싸해 보였습니다. 대학원 시절, 내 자녀에게 영어만큼은 잘 가르쳐 보겠다는 다짐을 한 터라 더욱 열심히 노력했습니다. 그렇게 세월이 흘러 아들이 6살이 되었습니다. 아들이 기본적인 생활영어 정도는 이해하고 반응을 보이는 듯하여 어깨가 으쓱하기도 했습니다. 물론 아들이 스스로 영어로 말하지는 않았습니다. 언제쯤스스로 저에게 영어로 말할까 내심 기대하며 노력을 계속해 나갔습니다. 고백하건대, 가끔씩은 인간적인 마음으로 영어 대답을 이끌어 내 보려고 몇 가지 질문을 던졌던 기억이 납니다. 애석하게도 별 신통한 반응은 없었습니다.

물론 그러는 동안에도 저희는 아들이 영어로 된 컨텐츠를 보고 즐기고 나눌 수 있는 환경을 조성하고자 애썼습니다. 저희에게도 첫 육아를 하는 첫 아들이자 첫 영어교육의 실험대상(?)이었기에 신경을 많이 썼습니다. 여러 다른 놀이처럼 영어 노출에 재미있어 하는 아들을 보면서 제가 아들에게 영어로 말해 주는 노력의 빛이 언제쯤 나올까 기대도 했습니다. 영어로 된 다양한 컨텐츠를 이해하는 모습을 보면 제 노력의 도움도 얼마간 있지 않았을까 하는 뿌듯함도 있었습니다.

하지만, 두 자녀를 수년간 키우며 영어교육을 제대로 하고자 노력해 온 저의 결론은 저의 노력 자체가 악영향은 아닐지 모르나, 기대했던 만큼의 대단한 실제적인 성과를 낸 것은 아니라는 것입니다. 영어가 우리 가족 간 대화에도 사용될 수 있다는 것을 보여 준 것과 저의 어줍지 않은 영어를 사용한 시간만큼의 노출, 딱 그만큼은 도움이 되었을 수 있다는 정도입니다. 제가 신경 써서 들였던 노력에 비해 제 아들의 영어 발달에 끼친 영향은 그리 크지 않다는 것입니다. 이제는 원어민 수준의 영어를 구사하는 아들이기에 저도 아들에게 영어를 사용하는 경우가 드뭅니다. 제 아들도 저나 아내에게 자주 영어로 말하지 않습니다. 그보다 여동생과 체스나 다른 보드게임을 할 때나 자기들끼리 뭔가를 상의해야 할 때 영어를 많이 사용합니다.

영어 발달에 있어 제 딸의 경우는 아들과 좀 다른 양상을 띠고 있습니다. 기본적으로 저는 딸에게 영어를 별로 사용하지 않았습니다. 딸의 영어를 위해서는 별 노력을 기울이지 않았던 겁니다. 그래서 아내에겐 딸에게 약간 미안한 감정이 있다고 말하기도 했습니다. 그런데 딸은 어쩌면 오빠보다 빠르게, 더 재미나게 영어를 받아들이며 놀았습니다. 아버지와 오빠가 영어로 대화하는 것을 지켜보며 영어를 사용하는 것이 더 편안하게 느껴졌을 수도 있습니다. 제가 오빠에게 했던 노력을 거의 하지 않았지만, 성장하면서 모든 가족에게 훨씬 더 많이, 자주, 길게, 신나게 영어로 말하고 있습니다. 딸의 영어 발달은 아들의 경우와는 상당히 큰 차이를 보이는 것이었습니다. 지금은 풍부한 감정이 담긴 생생한 영어를 구사하는 같은 또래의 영어권 아이들처럼 영어를 사용합니다. 아들에게서는 볼 수 없었던 모습이라 사뭇 새롭고 여러 가지 생각을 하게 합니다.

돌아보면, 제대로 된 영어교육을 내 자녀에게 구현해 보겠다는 저의 노력이 전반적으로는 효과를 보았지만, 정작 에너지를 많이 쏟은 방법은 별 효과가 없었다는 것입니다. 영어를 잘 가르치려면 차라리 가르치지 말라고 했던 저의 말이 제게도 충고가 되는 것을 확인하게 됩니다. 저도 노력파 아버지로서 영어교육의 본질을 흐리게 하지는 않았지만 오해(?)된 기대감을 가졌었기에 머쓱하기도 합니다.

5. 영어가 별거 아니라는 믿음

3장의 〈장유유서_부모 먼저!〉의 부분에서 저는 부모가 먼저 중심을 잡아야 한다는 말씀을 드렸습니다. 그 중심이 되는 여러 개념 중 하나는 영어라는 것이 뭐 대단하거나 별스러운 것이 아니라는 것입니다. 영어 자체가 대단한 것이 아니라, 영어가 학문과 과학기술 등의 발전에 있어 전세계에서 활용되는 주된 도구가 된 것이기에 그 영향이 대단하다는 것입니다. 더불어, 우리의 자녀들이 영어라는 언어로 훌륭한 업적을 일굴 수 있는 미래가 정말 대단한 것임을 인식해야 합니다.

이러한 면에서 영어는 별거 아닙니다. 영어교육도 사실 별거 없습니다. 그 별것도 아닌 것들 때문에 온 나라가 과거 수십 년을, 큰 변혁이 없다면 앞으로도 오랫동안 그렇게 쑥대밭이 되어 각자도생(各自圖生)의 길로 가게 될 것이라는 현실이 안타깝습니다. 우리들은 열심히 살아왔고 앞으로도 그럴 것입니다. 영어교육에 대한 우리의 올바른 노력을 통해 제대로 교육환경을 조성하고 꾸준히 검증된 원리에 따라 교육해 나간다면, 반드시 영어는 자녀들의 미래를 밝게 해 주는 힘이 될 것입니다.

망치는 못을 박는 것이 그 존재의 이유입니다. 망치는 그것을 붙잡고 휘두르는 숙련된 직공이 선택한 다양한 목적에 따라 여러 가지 유용한 물품을 만들어 내거나 훌륭한 건축물을 세우는 데 활용됩니다. 이제 우리 부모부터 망치는 그저 망치로 봅시다. 망치 자체를 목적으로 오해하지 맙시다. 망치에 주눅 들고, 망치 때문에 싸우지 맙시다. 목수가 망치를 잘 다룰 수 있도록 망치와 못을 사용할 기회를 꾸준히 만들어 주되, 못이 몇 번 휘었다고 절대 어린 목수들을 나무라지 맙시다. 못도 없이 허공에 대고 망치질을 연습시키지도 말고, 망치의 자세한 스펙을 외워서 시험 보게 하고 평가해서 점수 매기지도 맙시다. 허공에 대고 망치질 연습시켜 놓고 실제로 못이 잘 박히기를 기대하지도 말고, 기대만큼 안 박힌다고 목수를 나무라지도 맙시다.

못은 못이고, 망치는 망치입니다. 별거 아닌 것에 휘둘리지 맙시다. 그것들은 그저 우리가 활용할 도구일 뿐입니다.

6. 묻지도 따지지도 말기

바로 위에서 나온 목수와 망치 이야기를 이어서 해 보겠습니다. 우리 집에는 두 목수가 있습니다. 저희는 그 두 사람이 망치를 놀이의 도구로 사용하게 했습니다. 이들은 작은 못도 박아 보고, 큰 못도 박아 보았습니다. 낮에도 해 보고, 밤에도 해 보았습니다. 혼자도 해 보고 함께도 해 보았습니다. 박힌 못도 빼 보았습니다. 무수한 못들이 이리 휘고, 저리 휘어지기도 했지만,

부모는 휜 못을 보면 반가워하며 더 많고 다양한 못을 주어 더 재미있는 망치질을 할 수 있도록 배려해 주었습니다. 여동생 목수는 오빠 목수가 하는 걸 보면서 대단하다 생각하면서 자기도 열심히 연습했습니다. 각양각색의 목재들에 다양한 종류의 못을 망치질했습니다. 뚝딱뚝딱 하다 보면 하루가 금방 가고, 내일이 또 기대되었습니다. 이제는 제법 굵은 못도 단단한 목재 위에 곧게 때려 넣을 수 있을 만큼 손목 스냅도 정확히 줄 수 있는 수준에 올랐습니다. 뿐만 아니라, 만들어지는 가구나 제품에 쓰일 목재의 종류에 따라 적절한 못과 망치도 스스로 결정해서 능숙하게 작업을 해냅니다.

현빈이 책상

비유로 설명했지만 충분히 제 두 자녀의 상황을 잘 그려 보실 수 있었을 겁니다. 영어에 대한 노출을 시작하면서 지금까지 저희들은 두 아이들에게 무엇을 보고 듣든지 그 내용의 확인을 위한 질문은 절대로 하지 않았습니다. 대신에 재미있는지, 재미있으면 얼마나 재미있는지를 물었습니다. 그러면, 자기들이 신이 나서 각자 이해한 범위 내에서 무엇이 어떻게 재미있는지를 설명해 주었습니다. 부모는 그 내용이 맞든 틀리든 따지지 않았습니다. 그저 재미있게 보면 그걸로 함께 즐거워했습니다. 제가 무엇을 보고 듣든지 상관하지 않았다고 했지만, 당연히 교육적이지 않은 자극적이거나 폭력적인 것들은 걸러 주었습니다. 당연한 거 맞죠? 하여간 이렇게 아이들은 스스로 나누고 싶은 것들을 끄집어내어 부모에게 이야기 해 주었고, 우리는 호기심을 발동하여 재미나게 들어 주었습니다. 때로 아이들은 영어로 설명하고, 때로는 우리말로 설명했습니다. 그저 재미난 놀이 중의 하나로서 이 두 직공은 영어의 망치를 사용해 다양한 못을 여러 가지 목재에 두드려 박으면서 이제는 능숙한 영어목수가 되었습니다.

우리 집 아이들은 영어를 통해서 자신과 친구들을 이해하고, 자신이 속한 사회와 다른 문화를 이해하고 있습니다. 세대가 다른 부모를 이해하고, 드넓은 세상을 이해하며, 나아가 자신의 미래를 꿈꾸고 있습니다. 부모가 자신들의 영어활동의 수준이나 오류에 대해 묻지도 따지지도 않으니 자신이 발견한 관심사, 놀라움, 호기심 및 깨달음 등을 두려움과 걱정 없이 영어로 전합니다. 영어를 배우는 것이 아니라 자신과 세상을 배워 나갑니다.

7. 실수를 칭찬하고 반가워하기

우리 딸이 어느 날 영어로 무슨 말을 하다가 '어디를 갔다'라는 의미를 전달하려 'went' 대신에 'goed'라는 말을 했습니다. 수많은 다른 동사들이 과거의 일을 설명하는 데 쓰인 '-ed' 어미를 능숙(?)하게 갖다 붙인 것이었습니다. 저는 속으로 매우 반가웠습니다. 그러고는 고쳐 주지 않고 계속해서 이야기를 들어 주었습니다. 물론 다른 여타 상황에서도 실수한다고 잘 바로잡아 주지 않기는 합니다. 이 실수가 특히 반가웠던 이유는 많은 영어 원어민들도 어릴 때 같은 실수를 하기 때문입니다. 다시 말해, 제 딸도 영어 원어민들이 영어를 익히듯 그렇게 받아들이고 있다는 작지만 큰 방증(傍證)으로 보였기에 그 실수가 기특했습니다.

만약 우리 아이가 영어유치원에 다닌 학생이었다고 가정해 봅시다. 영어 유치원 선생님들은 어떻게 하셨을까요? 대부분 부드럽게 goed가 아니라 went가 맞는 표현이라고 가르쳐 주셨을 것입니다. 시의적절하고 부드럽게 전달하셨을지라도, 선생님께 지적받은 이 아이는 영어로 말하는 데 긴장해야 할 상황이 한 가지 생긴 것이 됩니다. 아이들이 아무리 어려도 가정에서의 어머니 보살핌과 유치원 선생님의 보살핌이 분명 다른 것이며, 어머니와 선생님의 지적과 가르침이 엄연히 다르다는 것을 금방 알게 됩니다. 선생님과 학생으로서 무언가를 배우면, 이후 틀리지 않도록 노력해야 한다는 것도 잘 알게 됩니다.

영어 유치원에 다니는 것이 아이의 영어교육에 도움이 안 된다는 이야기가 아닙니다. 다만, 이 아이들이 영어를 인위적으로 '배운다'고 인지하고 있기에, 자연스럽게 틀리지 않고 말하려 하는 '부담'을 느끼게 된다는 것입니다. 이들은 파닉스를 배우고, 외우고, 테스트받으며 영어동화책을 읽도록 훈련받습니다. 이 과정에서 아이들은 더욱 세밀한 부분에서도 틀리는 실수를 범하지 않도록 노력합니다. 더욱이, 주변 아이들도 아직 능숙한 영어를 구사하지는 못하기 때문에, 친구들 역시 선생님의 지적을 통해 실수가 드러날 수밖에 없는 학습자라는 것을 인식하게 됩니다. 집에 가면 더 이상 영어를 쓰고 싶지 않을 텐데 부모님은 아이들이 한마디라도 영어로 말해 주기를 기대하고, 때로 시키기도 합니다.

'영유'라 불리는 영어유치원은 대부분 테스트를 보고 들어갑니다. 들어가서도 끝없는 테스트와 숙제의 연속입니다. 이걸 위해 따로 과외를 하는 가정도 있습니다. 이중언어를 사용하는 아이로 성장시키기 위함인지, 아니면 향후 입시영어를 염두에 두고 미리부터 준비시키기 위함인지 잘 생각해 보아야 합니다. 어떤 목적이든 그 결과는 기대에 미치기 어렵고, 영어학습에 대한 부담을 일찍이 접하게 되어 수동적인 영어습득에 가까워지는 부작용이 생길 수 있습니다. 뿐만 아니라, 영어유치원에서 아등바등 열심히 배워 익힌 기특한(?) 영어 실력도 중고등학교 입시영어에 집중해야 하는 6년여의 기간을 지나게 되면 거의 사라지게 되는 것이 현실입니다.

아이들이 영어 유치원이든, 학원이든, 과외이든 칭찬을 받는 경우는 언제일까요? 그것은 공히 틀리지 않고 올바른 문법규칙에 따라 정확한 단어를 적절한 상황에 맞추어 사용할 때일 것입니다. 칭찬은 고래도 춤추게 하는 것이라서, 이 칭찬을 많이 받으려면 작은 실수도 없이 정확하게 해내야 합니다. 물론, 좋은 선생님들의 경우 말을 많이 해도 칭찬을 하시겠지만, 여지없이 실수한 부분을 짚어 주시면서 다음에는 실수를 줄이도록 격려하십니다. 이렇게 하면, 잠시 동안은 힘을 내어 새로운 영어표현을 배우고 익히기 위해 노력할 수 있지만, 장기적으로는 실수의 상황을 줄이는 쪽으로 갈 수밖에 없는 것이 자연스러운 흐름입니다.

따라서, 우리는 영어라는 언어를 교육하기 위해서는 특히나 실수를 칭찬해야 합니다. 나아가 기꺼이 실수를 하는 것에 대해 고마워할 수 있습니다. 이를 통해 되도록 많은 실수를 부담 없이 할 수 있도록 해 주고, 그 노력을 인정해 주어야 합니다. 저희 자녀들은 영어에 대한 의도적인 학습 자체가 없기에 뭐 대단한 노력을 기울인 것에 대한 칭찬을 해 본 적은 없습니다. 그냥 자신의 시간을 생산적인 곳에 투자했음을 칭찬하고 함께 즐거워합니다. 재미있게 주어진 하루를 보낸 것을 칭찬합니다. 즐거운 마음으로 자신의 생각과 감정, 의견 등을 스스럼없이 영어로든 한국말로든 나누어 주었음에 대한 고마움을 표합니다. 우리의 아들과 딸로서 함께 살아 주고 즐거이 성장하고 있음을 감사합니다. 오늘도 제 아이들에게 정말 감사합니다.

예빈이 책상

8. 영어가 진로탐구의 폭을 넓히다

부모의 자녀에 대한 가장 큰 관심사는 그들의 미래 진로일 것입니다. 어떤 준비를 통해 어떤 교육을 받고 어떻게 이 사회로 진출할 것인가를 늘 고민하게 됩니다. 영어교육도 그래서 큰 비중을 차지하고 있는 것입니다. 영어 실력의 차이가 진로 선택의 폭과 질을 결정하는 데 큰 영향을 미치는 것을 모두 알고 있습니다. 영어는 입시에도 비중이 크고, 이후의 국제사회 진출에 있어서도 커다란 힘이 되기도 하고, 방해가 되기도 합니다. 일단 출중한 영어 실력을 갖출 수 있으면 꿈과 진로에 대한 시각도 달라지는 것이 현실입니다. 우리가 아끼고 사랑하는 자녀들이 영어를 잘하기 바라는 것은 부모로서 당연한 마음입니다.

우리 집의 경우는 다행히 매우 편안하게 자녀들의 꿈과 적성을 생각하며 진로를 열어 놓고 함께, 혹은 자유로이 탐색합니다. 물론 영어라는 장벽을 넘어선다고 모든 것을 쉽게 노력 없이 갖출 수 있는 것은 아닙니다. 진로에 따라 도달해야 할 여러 가지 목표들이 생기고, 피나는 개인적인 노력이 반드시 필요한 부분들이 생길 것입니다. 그렇지만, 적어도 영어라는 것이 아이들의 미래에 대한 그림을 그릴 때 제한사항이 되지는 않습니다. 영어가 넘어야 할 산으로 자신을 가로막는 것이 아니라, 그것이 순풍이 되어 자신의 원하는 바를 향해 갈 수 있도록 해 준다는 긍정의 효과를 느끼고 있습니다. 제 아이들은 자신이 재미있게 해 온 것들이 자기 미래에 큰 쓰임이 되어 원하는 대로 진로를 바라볼 수 있도록 해 주는 것에 대해 좋아하고, 자부심을 느끼기도 합니다.

이러다 보니 자연스럽게 우리 아이들은 자신들이 원하는 것이 어디에 있든 얻을 수 있겠다는 자신감이 생겼습니다. 여러

나라의 교육 시스템과 매력적인 기회에 대해서 알아보기도 합니다. 그리고, 한국의 치열한 대학입시와 그것을 위해 모든 것이 희생되는 교육현실을 안타깝게 보는 눈도 생기게 되었습니다. 영어 하나만 놓고 보아도, 다른 친구들이 얼마나 힘들게 영어를 배우기 위해 고생하는지, 그 고생이 얼마나 불필요하며 비효과적인지 자신들이 먼저 알아채게 되었습니다.

9. 국제영재학교에 입학하다

제 두 자녀는 모두 국제영재학교에 다니고 있습니다. 아들은 초등학교 3학년 10월 말에 아무 준비도 없이 그냥 상담 받으러 갔다가 입학테스트까지 받고 입학하게 되었습니다. 장장 3시간 가까운 시간에 걸친 테스트에 저희들은 당황했습니다. 교장 선생님을 이전에 몇 번 뵈어 알고 있기에 그저 가벼운 마음으로 상담만 받으러 간 것이었습니다. 하지만, 입학 담당하시는 선생님은 잠시 인사를 나눈 후, 그 자리에서 바로 해 보자고 하시며 입학시험절차를 진행하셨습니다. 두툼한 A4용지에 빼곡히 영어로 된 영어와 수학 테스트지를 한 번에 하나씩 건네주셨습니다. 영어로 자기 이름 쓰는 것도 겨우 하고, 읽는 것은 배워 본 적도 없는 아들에게 이건 좀 너무하다는 생각과 함께 예상도 못한 갑갑한 고생을 할 아들을 생각하니 미안했습니다. 그 상황에서 교실에 혼자 앉아 각각 1시간씩 걸린 영어 수학시험에서 끝까지 버틴(!) 아들이 자랑스러웠습니다. 저는 사실 중간에 아이가 나올 수도 있겠다고 생각했습니다. 그도 그럴 것이 그 두터운 시험지의 내용을 거의 읽지 못할 것이고, 어떻게 답을 써야 할지도 몰랐을 것이었기 때문입니다.

그런 테스트에서 얼마나 많이 답을 잘 맞추었는지는 저희의 관심사가 아니었습니다. 그저 끝까지 버틸 수 있을까에 마음이 졸여졌습니다. 두 과목의 지필테스트를 마치고는 다시 30분도 넘게 교장 선생님과 인터뷰가 진행되었습니다. 영어공부는 전혀 하지 않은 10살짜리 아이가 미국 뉴욕 출신의 교장 선생님과 그 긴 시간 동안 무슨 이야기를 했을까 궁금하기도 하고 걱정도 되었습니다. 이전에 단 한 번도 외국인과 한두 마디 이상 영어로 대화한 적이 없었습니다. 이윽고 모든 테스트 과정이 끝나고 아들은 교장 선생님과 대기실로 들어왔습니다. 교장 선생님과 입학 담당 선생님은 끝까지 버텨 낸 아들을 칭찬하셨습니다. 현재 얼마나 잘하는 것보다 태도와 자세가 중요한데, 제 아들에게서 좋은 자질이 보인다고 말씀해 주셨습니다. 또한 인터뷰를 하면서 이미 제 아이와 우리 가족에 대해 얼마간 알고 계신 것을 보고 내심 놀랐습니다. 30분 넘게 정말 영어로 실제 대화를 나누었던 것입니다.

집으로 돌아오는 차 안에서 제 아들과 이야기를 나누었습니다. 지금까지 정말 재미있게 잘 다니던 일반학교에서 오늘 다녀온 국제영재학교로 옮기는 것이 무얼 의미하는지 말해 주었습니다. 흥미로운 것은 저희 가족 누구도 한 번도 공부하지 않은 영어 실력으로 모든 것이 영어로 진행되는 국제학교에 적응할 수 있을지에 대한 염려에 대해서는 아무 말도 하지 않았다는 것입니다. 아이나 부모나 그것은 걱정거리가 아니었습니다. 제 아들은 잠시 생각하더니 도전해 보겠다고 했습니다. 아들이 국제학교를 고려한 기본적인 이유는 당시 장래희망이었던 자동차 디자이너가 되는 데 이 학교가 도움이 될 것이라고 생각했기 때문이었답니다. 저는 아들에게 이전에도 그랬고, 앞으로도 절대로 공부에 대해서 서로 스트레스 주고받는 일은 없을 것이라고 했습니다. 모든 것은 본인이 원하는 대로 하고, 그것에 대한 책임도 스스로 져야 한다고 했습니다. 다만, 부모로서 할 수 있는 것은 최선을 다하겠다고 했습니다. 혹시나 부모가 공부하라는 압박과 스트레스를 줄 상황이 생기면 주저 없이 다시 한국학교로 돌아올 것이라고 말해 주었습니다. 우리 집에서는 공부하라는 압박은 있어서는 안 되는 일입니다. 그저 즐겁고 행복하게 원하는 것을 올바른 방법으로 하면 되는 것입니다.

이후 아들은 잘 적응했고, 지금까지 신나게 다니고 있습니다. 한국 학교라면 초등학교 6학년이지만, 무학년제인 그 학교에서는 주로 형, 누나들과 AP과정(Advanced Placement, 미국대학 1학년 수준의 교양과목을 미리 수강할 수 있는 제도)의 여러 과목들을 수강하고 있습니다. 미시경제학, 거시경제학, 심리학, 미적분학, 화학, 영어, 생물학, 물리학, 세계사 등 과목명도 복잡해 보이는 수업들을 나름 우수한 성적으로 해내고 있습니다. 저희 아이는 단 한 번도 어떠한 사교육을 받은 적이 없고, 따로 선행학습을 해 본 적이 없습니다. 저도 어떻게 저런 복잡하고 어려운 과목들을, 그것도 재미있게 배우고 있는지 잘 모르겠습니다. 제가 아는 것은 아들이 매일매일 학교 가는 것을 좋아하고, 어려운 것이 있어도 최선을 다하면 그걸로 족하다는 것을 알고 있다는 것입니다. 거기에 스스로 더 좋은 결과를 만들겠다고 다짐까지 하니 부모로서 고마울 따름입니다.

그렇다고 제 아들이 공부만 하는 스타일은 전혀 아닙니다. 어릴 적부터 축구를 좋아하여, 정강이에 독한 습진이 걸려 스테

로이드 제제의 약을 바르면서도 매일 축구클럽에 갔고, 지금도 매주 토요일이면 축구클럽에 갑니다. 잉글리시 프리미어리그(EPL) 광팬이며, 특히 손흥민과 토트넘을 좋아합니다. 토트넘 경기가 이른 새벽에 있는 날은 스스로 알람 맞춰 놓고 혼자 일어나서 블루투스 이어폰을 귀에 꽂고 열정적으로(?) 시청합니다. 또, 이 아들은 아버지와 축구 하러 다니는 것을 좋아합니다. 유튜브에 자기가 축구 하는 영상을 올리기도 합니다. 여러 노래들을 듣고 따라하는 것도 좋아합니다. 부모에 대해 궁금해하기에 저희가 권하는 책이면 최대한 읽어 보려고 노력합니다. 어릴 적에는 약간 소극적이었는데, 지금은 쾌활하고 적극적인 성향의 남자아이입니다.

현재 이렇게 성장하는 아들의 자신감에는 영어를 습득하면서 얻게 된 긍정적 효과가 많이 작용하고 있다고 생각합니다. 미국에 살면서 영어를 잘하는 것은 아무 티도 나지 않지만, 한국에 살면서 영어를 잘하는 것은 기대 이상으로 많은 것들을 얻을 수 있게 하는 원동력이 됩니다. 그 능력의 개발이 제대로 된 언어교육이론에 바탕을 두어 가장 효과적인 방법으로 가정 내에서 적용된다면 우리 자녀들은 기대 이상의 성과를 영어뿐 아니라 다른 분야에서까지 얻어 낼 수 있다고 믿습니다. 훌륭한 전인적

교육철학을 바탕으로 한 창의적 교육시스템에서 사랑과 정성으로 제 아들을 이끌어 주시는 선생님들께 교육받는 것은 정말 큰 행운입니다.

둘째인 딸도 오빠가 다니는 학교에 자연스럽게 입학하게 되었습니다. 그런데, 이 아이는 오빠와는 달리 등교 첫날부터 울기를 시작하여 약 2주 내내 힘들었습니다. 그도 그럴 것이 일단 유치원에서 처음으로 학교라는 곳을 경험한 것이었고, 대부분의 또래 학생들은 외국인이거나, 외국에 살다 오거나, 적어도 영어유치원을 졸업하고 온 친구들이었기 때문입니다. 이미 아시겠지만, 저희는 집에서 어떠한 영어공부도 시키지 않았기에, 알파벳 자체를 쓸 줄 모르는 딸에게는 칠판의 글을 읽거나, 알림장을 쓰거나 하는 모든 학교에서의 활동들이 힘들었던 것입니다. 그래서 알파벳을 처음이자 마지막으로 하루 저녁 1시간 정도 제가 직접 가르쳤습니다. 딸에게는 난해한 그림공부처럼 느껴졌을 것입니다. 그 이후 시간이 흐르면서 딸아이는 무서운 속도로 그간 받아 온 엄청난 양의 영어의 인풋(Input)의 효과를 보이기 시작했습니다. 그 발전은 학교에서 영어를 사용하기에 자연스럽게 느는 수준을 넘어서는 것이었습니다. 사실, 두 자녀들은 둘째가 입학하고 한 달이 채 지나기 전에 나름 원대한 뜻을 품고 언스쿨링(Unschooling)을 하기 위해 학교를 6개월 정도 떠나게 되었습니다. 딸이 보인 영어의 폭풍성장의 시작은 이 시기에 일어난 것이었습니다. 이후 학교로 복귀했을 때 선생님들과 친구들, 주변의 학부모님들이 모두 제 딸의 능숙한 영어구사 능력에 놀라움과 칭찬을 전해 주셨습니다. 시간이 흐르면서 이제 제 딸은 현지의 영어 원어민 아이들처럼 영어를 구사합니다. 그저 그 발전에 놀라고 감사합니다.

10. 해외대학에 뜻을 품다

네, 그렇습니다. 제 두 아이들은 현재 유학에 뜻을 두고 준비하고 있습니다. 저희가 뭐 대단한 경제력이 있어 그렇게 하는 것은 아닙니다. 저는 아이들이 충분히 놀고 즐기고 느끼면서 성장해야 한다고 믿습니다. 현실과 동떨어져 실효성도 없는 수많은 학과목의 암기실력을 테스트받는 시험에 학생들이 휘둘리는 것이 그들의 창의성과 잠재력에 돌이키기 힘든 악영향을 주고 있다고 생각합니다. 시험의 목적이 학생들을 일렬로 세워 반에서, 학교에서, 전국에서 몇 등인지 가려내는 것인 상대평가에 근간을 두고 있는 한 제 자녀들이 그런 시험의 노예가 되게 하지 않을 겁니다. 열심히 땀 흘리고, 자신의 최선을 다할 수 있는 교육환경이 필요합니다. 학생이 이해와 숙달의 속도가 좀 느리면 좀 더 시간을 내어 하면 되지 않습니까? 좀 더 오래, 성실하게 그걸 해내면 되는 것 아닙니까? 학원에서 가르쳐 주는 재빠른 문제풀이 기술보다는 자신이 즐기며 노력하여 해결책을 터득해 낸다면 그 방법이 더 멋진 것 아닐까요? 우등생도, 열등생도 모두 힘든 한국 입시의 현실에 고개 숙이고 싶지 않습니다. 누구보다 더 잘하는 것보다는 어제의 나보다 발전하는 즐거움을 느끼며, 한 걸음씩 꾸준히 나아가는 힘을 가진 학생이 더 훌륭하다고 생각합니다. 그런 아이들이 성인이 되었을 때 더 자신 있고, 과감하게 원하는 바를 이루어 낼 것을 믿습니다. 실패하더라도 그것으로부터 교훈을 배워 다시 시작할 힘을 교육과정 속에서 길러 냈다면 더 잘 일어설 것을 믿습니다. 이러한 것들을 알기에, 주류가 아닌 이 길을 즐거이 걸어갑니다. 오늘도 우리 집 아이들은 학교의 수업에서 새로 배울 내용을 기대하면서 집을 나서고, 그날 배운 내용이 재미있어 부모와 나누고 유튜브 영상으로 소개합니다. 공부가 인생의 전부가 아니라는 것을 아이들 스스로 잘 알고 있습니다.

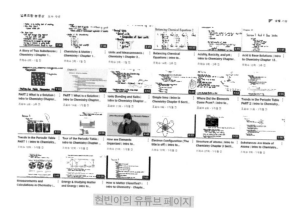

현빈이의 유튜브 페이지

　우리 아이들은 지금까지 그랬던 것처럼 앞으로도 어떠한 사교육도 받지 않을 것입니다. 그럴 필요가 없습니다. 자신이 최선을 다한 만큼의 열매를 얻어, 그 달콤함을 맛보며 발전해 가면 됩니다. 그런데 신기하게도, 사교육도 없고, 스트레스도 없고, 압박도 없으며, 하고 싶은 것을 하게 하면, 자신이 받고 있는 교육의 가치를 느끼고 그것에 더 큰 흥미를 느끼며 아주 잘 이해하고 배워 나갑니다.

　유치원의 교실을 그려 봅시다. 꼬물꼬물한 아이들이 초롱한 눈망울을 굴리며 선생님의 설명을 열심히 듣습니다. 그리고 질문할 기회를 주면 너 나 할 것 없이 '저요저요'를 외치며 높이 손을 들어올려 궁금한 점을 묻습니다. 좀 엉뚱해 보이는 질문을 받더라도 선생님은 당황하지도, 다그치지도 않고 슬기롭게 답변하며 칭찬을 아끼지 않습니다. 그런데 무슨 일이 일어난 걸까요? 초등학교 고학년 교실만 가도 상황은 벌써 달라져 있습니다. 당최 손을 들어 질문하지 않습니다. 조용합니다. 중학교는 어떤가요? 고등학교는? 자, 그럼 대학교의 강의실은 지적탐구가 가득하여 교수님의 설명이 이해가 안 되면 질문을 할까요? 안타깝지만, 전혀 하지 않습니다. 질문을 잃어버린 교실은 더 이상 교육의 장이 될 수 없습니다. 혈액순환이 안 되면 우리 몸이 괴사하듯이 다양한 질문과 다양한 답변이 돌지 않는 우리 대학의 강의실은 죽어 가고 있습니다. 이런 곳이 대학이라면 안 가는 편이 낫습니다. 명문대 간판을 따는 것이 목표라서 이걸 알고도 달려드는 분들도 있을 수 있겠지만 저는 사양하겠습니다.

저희가 이런 현실에서 찾은 대안이 유학입니다. 한 인간의 잠재력과 창의성을 키워 자신의 가치를 발견하고 주변과 세상에 유익을 나누려는 진정한 교육적 가치의 실현과정이 주(主)가 되길 소망합니다. 이러한 노력의 과정 이후에 결과는 객(客)으로 따라오는 것입니다. 이 결과에 눈이 멀어 과정을 소홀히 하여 건너뛰고, 생략하고, 무시하고, 부정하는 것은 어떤 결과를 얻더라도 과정의 가치를 잃게 되어 마침내는 다 물거품처럼 사라지고 맙니다. 가치는 사라지고 허울만 남깁니다.

11. 영어가 도구가 되다

이러한 유학이라는 대안에 전제조건이 되는 것이 영어 실력입니다. 한국의 내신과 수능에서 위용을 자랑하던 문법 위주의 영어는 그 입지가 사라지게 됩니다. 그보다는 대학교육에 필요한 실질적인 영어의 진짜 실력을 키워야 합니다. 혹여, 영어 자체에 흥미가 없었던 학생들도 유학이라는 대안을 택하게 되면, 쓸모 있는 영어를 배우게 되면서 태도가 달라질 수 있습니다. 여전히 어렵게 느껴질 수 있지만, 배수의 진을 치고 적진에 나아가는 것처럼 비장한 각오로 영어를 배우게 됩니다. 학창 시절 내내 문법과 어휘를 바탕으로 하던 독해에 올인하던 영어 과목이 4가지 영역으로 나뉘게 됩니다. 읽기, 듣기, 쓰기, 말하기. 처음에는 공부할 것이 많아져 당황스럽지만, 앞으로 현지에서 교육받기 위해서는 기본으로 갖추어야 할 언어적 도구들이기에 그 쓸모를 느끼게 됩니다. 고리타분한 문법과 도통 알 수 없는 복잡한 독해로 괴롭히던 내신과 수능영어가 얼마나 어리석은 낭비였는지 절감하게 됩니다. 그동안 손을 놓았던 실질적 영어의 기술들이 많아졌지만, 이 모든 것들이 쓸모가 있기에, 이전에 하던 영어공부와는 본질적으로 다르게 배우게 됩니다.

이런 과정 속에서 학생들은 슬슬 영어가 도구라는 느낌을 갖게 됩니다. 많은 영어권 국가의 대학들에서 유학생들에게 기본으로 토플(TOEFL) 성적을 요구합니다. 이 시험은 학문적 영어를 평가하는 테스트임과 동시에 대학생활에서 실제로 필요한 수준의 영어를 학습자가 갖추도록 하는 데 목적이 있기에 실용적이기도 합니다. 외워야 하는 것들이 많지만 실제로 써야 하고 쓰이는 것들이기에 쓸모없는 영어를 배웠던 이전과는 많이 다릅니다. 종이 위에서 배우고 종이 위에서만 써먹을 수 있었던 영어라는 과목이 이제는 현실세계에서 활용되는 것을 전제로 하는 학문을 위한 도구라는 경험을 하게 되는 것입니다.

저희 아이들처럼 초등시절부터 유학을 염두에 두고 영어교육을 하든지, 아니면 고등학교 끝물에 유학을 대안으로 하여 영어를 공부하든지, 학습자가 영어의 쓸모를 인식하고 배우면 그 속도와 성과가 이전에 비해 훨씬 향상되는 것은 당연한 일입니다.

제 아들과 딸은 더 나은 교육을 위해 유학을 선택했습니다. 그러나 여전히 이들에게는 영어는 목적이 아닌 수단이며, 학문이 아니라 도구입니다. 자신의 미래를 위한 준비의 과정에서 유학을 선택하든 아니든, 영어가 그 자체로 목적이 되어 온 나라와 가정을 뒤흔드는 일은 없어지면 좋겠습니다. 그 대신, 제대로 된 영어교육의 실현을 통해 이 나라의 더 많은 부모와 자녀들이 함께 행복하고 희망이 넘칠 수 있기를 기원합니다.

행복한 우리 가족

2002년 여름 붉은 함성이 온 나라를 뒤덮던 그 시절, 대학교 1학년 여름방학에 저와 함께 영원을 함께하기로 약속한 아내가 벌써 40대가 되었습니다. 여전히 아름다운 모습으로 함께해 주어서 정말 고맙습니다. 여러 가지로 부족한 것이 많을 텐데 불평 없이 열심히 성장해 주는 두 자녀에게도 감사합니다. 이 책의 산 증인들로서 매일 새롭고도 커다란 행복을 가져다주는 제 가족 구성원들에게 다시 한번 큰 사랑과 감사를 전합니다.

저는 서두에서 우리 가족이 소중히 여기는 가치들에 대해 말씀드렸습니다. 많은 분들이 의아해하셨을 것 같습니다. 영어교육에 대한 책인 줄 알았는데 처음부터 웬 가족전통가치라며 전혀 영어교육과 전혀 상관없는 가정사를 왜 들고 나오는가 하셨을 수도 있습니다. 하지만, 끝까지 읽어 주신 분들은 제가 왜 그런 순서로 영어교육에 대한 제 생각을 정리했는지 이해하셨을 것입니다.

저는 모든 교육의 바탕은 가정에 있다고 믿습니다. 자녀에 관련된 모든 것은 부모와 자녀가 함께 공동생활을 하는 가정에서부터 출발하기 때문입니다. 자녀가 나고 자란 가정의 분위기와 문화가 그들이 성장하며 발전하는 기본 토양이 됩니다. 자녀가 무언가를 잘하기 바라면, 먼저 부모가 필요한 양분으로 토양을 꾸준히 가꾸어야 합니다.

때로 우리는 부모로서 자녀들에게 필요한 여러 방면의 교육을 손쉽게 외부 기관에 맡기려 합니다. 어쩔 수 없이 그렇게 해야 하는 경우라도 교육의 바탕, 즉 가정이라는 중요한 토양에서 출발해야 하는 것을 기억해야 합니다.

영어는 그 많고 많은 교육의 분야 중 하나일 뿐입니다. 그리고, 그것 역시 가정이라는 토양에 뿌리내릴 때 가장 큰 결실을 볼 수 있습니다. 여러분의 가정도 영어교육을 통해 단합되고 함께 더 행복해지는 기쁨을 누리실 수 있기를 응원하겠습니다. 파이팅!

**현빈이와 예빈이는
어떻게 영어 원어민이
되었을까?**

ⓒ 홍기빈, 2021

초판 1쇄 발행 2021년 11월 11일

지은이   홍기빈
펴낸이   이기봉
편집   좋은땅 편집팀
펴낸곳   도서출판 좋은땅
주소   서울특별시 마포구 양화로12길 26 지월드빌딩 (서교동 395-7)
전화   02)374-8616~7
팩스   02)374-8614
이메일   gworldbook@naver.com
홈페이지   www.g-world.co.kr

ISBN   979-11-388-0356-4 (03370)

• 가격은 뒤표지에 있습니다.
• 이 책은 저작권법에 의하여 보호를 받는 저작물이므로 무단 전재와 복제를 금합니다.
• 파본은 구입하신 서점에서 교환해 드립니다.